Reinhardt Höhn · Blumenfibel

Reinhardt Höhn

Blumenfibel

Schenken, Ordnen
und Pflegen
von Schnittblumen

VEB Deutscher
Landwirtschaftsverlag Berlin

Mit 66 Farbbildern und 32 Zeichnungen im Text

Bildnachweis:
Die Zeichnungen sind Arbeiten
von Wolfgang FREITAG nach Vorlagen
des Autors.
Ilona RIPKE, Berlin: Einbandfoto,
Foto auf dem Innentitel, S. 97
Alle anderen Farbbilder sind Aufnahmen
des Autors.

5., unveränderte Auflage

DDR – 1040 Berlin, Reinhardtstraße 14
Lizenznummer 101–175/83/89
LSV 4345
Lektor: Carola Geske
Grafische Gestaltung: Jochen Friedrich
Printed in the GDR
Klischeeherstellung: GG Interdruck Leipzig
Satz und Druck: Druckerei Markneukirchen
Buchbinderei: „Maxim Gorki“ Altenburg
Bestellnummer: 559 435 9

ISBN 3-331-00042-6

01290

Vorwort

Blumen und Blüten bereiten uns durch Farbe, Form und Duft Freude, regen unsere Phantasie an, heben unsere Stimmung, verbessern beklemmende Atmosphären und geben oft neuen Lebensmut. Sie beleben und verschönern unser Heim und unsere Umgebung und bringen etwas vom Zauber und dem Duft der Natur in unseren Alltag.

Blumen sind ideale Mittler liebevoller und zärtlicher Gedanken, sie sind auch liebenswerte Tröster bei Leid und Schmerz. Blumen stellen wir an die Wiege des Kindes, aber auch am Grab drücken wir unser Empfinden durch Blumen aus. Das Kind legt Blumen in die Hand der Mutter, der Mann reicht sie der Frau. Dem Abschiednehmenden geben wir Blumen mit auf den Weg, den Heimkehrenden begrüßen wir mit Blumen. Und was wären unsere Feste ohne Blumen? Vom Jahresanfang bis zum Jahresende begleiten uns Blumen und Blüten, sind um uns und spenden Freude, verkörpern Liebe und Aufmerksamkeit. Eine einzelne Rose, ein bunter Sommerblumenstrauß, ein kleines Veilchensträußchen oder eine kostbare Orchideenblütenrispe – sie erhellen mit ihrer Schönheit und ihren Farben und Formen jeden Raum.

Der Umgang mit Blumen und ihre richtige Verwendung wollen gelernt sein. Das Ordnen von Blumen ist eine wohltuende und befriedigende Beschäftigung, und ein gelungenes Arrangement kann einem kleinen Kunstwerk gleichen. Farbe und Form der Blumen müssen dazu aufeinander abgestimmt und das Gefäß geschmackvoll und passend sein. Das vorliegende Büchlein soll für das Anordnen von Blumen, für den richtigen Umgang mit ihnen und für das Blumenschenken einige Anregungen bieten. Außerdem werden praktische Hinweise und manche Tips gegeben, wie Schnittblumen möglichst lange frisch zu halten sind.

Die erste Auflage dieser kleinen Schrift erschien 1966, die 3. unveränderte Auflage 1972.

In der Zwischenzeit wurden viele neue Erkenntnisse über das Frischhalten von Schnittblumen, über den Anbau neuer Arten und Sorten sowie über das Verwenden und Anordnen von Blumen und anderen Pflanzenteilen gewonnen. Dies erforderte eine entsprechende Neubearbeitung und teilweise Neufassung. So werden zusätzlich Trockenblumen behandelt wie auch die verschiedenen Hilfsmittel beim Gestalten mit Blumen. Die vorliegende Auflage ist völlig neu illustriert, wobei die bisher enthaltenen Schwarzweiß-Fotos durch Zeichnungen ersetzt wurden.

Berlin, im Frühjahr 1989 Reinhardt Höhn

Inhaltsverzeichnis

Wann kamen die Blumen zu uns? 9
Die Kunst des Blumenschenkens 17
Wann und wem schenke ich welche Blumen? 21
Geburt und Namensgebung 22
Geburtstag 22
Verlobung 23
Hochzeit 24
Hochzeitstag 27
Jubiläum 27
Ehrentage 27
Ostern 28
Weihnachten 28
Blumen für Kranke 29
Geschenke in Verbindung mit Blumen 30
Blumen zu Einladungen 30
Blumen als Tischschmuck und zu anderen Gelegenheiten 31
Tischschmuck 31
Blumenanstecker 33
Sträuße als Trauerschmuck 35
Trockenblumenmaterial 37
Blumenkalender 45
Januar – Februar 45
März – April 46
Mai – Juni 46
Juli – August 47
September – Oktober 48
November – Dezember 48
Blühzeiten von Schnittblumen aus dem Gewächshaus 49
Blühzeiten wichtiger Schnittblumen aus dem Freiland 50
Blühzeiten ausgewählter Sommerblumen 51
Blühzeiten von Zweijahrsblumen 52
Blühzeiten von Blumenzwiebeln und -knollen 52
Blühende Zweige im Winter 53
Von der Kunst, Blumen zu ordnen 55

Kleine Farbenlehre 57
Wir binden einen Strauß 62
Wir füllen eine Vase 64
Wir stecken eine Schale 68
Trockenblumenschmuck 73
Trockenblumenstrauß 74
Gestecke aus Trockenblumenmaterial 74
Strohblumenkugel 75
Bastzopf – Zwiebelzopf 75
Florale Bilder 77
Vorweihnachtlicher Schmuck 77
Adventskranz 78
Apfelpyramide, Schmuckapfel, Stabpyramide . . . 79
Weihnachtspyramide 79
Vorweihnachtliche Steckarbeiten 81
Gebundener Weihnachtsbaumschmuck 84
Ikebana – Blumenstellkunst der Japaner 113
Hilfsmittel für das Gestalten mit Blumen 120
Auch Schnittblumen brauchen Pflege 121
Über den geeigneten Schnittzeitpunkt 121
Lagerung, Transport 124
Welken, Verblühen 126
Maßnahmen zur Verlängerung der Haltbarkeit . . 126
Sonderbehandlung von Schnittblumen 128
Blumenfrischhaltemittel 129
Verträglichkeit und Unverträglichkeit 130
Trockenblumen richtig behandeln 131
Schnittzeitpunkt und Haltbarkeit ausgewählter
Schnittstauden aus dem Freiland 134
Schnittzeitpunkt und Haltbarkeit von
Zweijahrsblumen 136
Schnittzeitpunkt und Haltbarkeit von
Blumenzwiebeln und -knollen 136
Schnittzeitpunkt, Haltbarkeit und besondere
Maßnahmen bei Schnittblumen aus dem Gewächshaus 138
Schnittzeitpunkt und Haltbarkeit von
Sommerblumen 140

Wann kamen die Blumen zu uns?

Viele hohe Werke schafft die Natur;
aber die Blumen sind doch die
schönsten Kinder ihrer Phantasie.
William HOGARTH (1735)

Das Bedürfnis der Menschen, Pflanzen und Blumen zu verwenden, ist uralt. Leider wissen wir heute immer noch nicht genau, wann sich das erste Mädchen eine Blume ins Haar steckte oder wann der erste Kavalier seiner Angebeteten einen Blumenstrauß überreichte. Funde aus der Steinzeit (etwa 8000 v. u. Z.) lassen bereits das Bedürfnis erkennen, den Alltag mit Blumen zu verschönern. Die Höhlenzeichnungen geben uns darüber Auskunft. Funde aus der Bronzezeit (etwa 1500 v. u. Z.) zeigen, wie Menschen ihre nächste Umgebung mit Wildrosen verschönten. Vielen Pflanzen sprach man damals in der Urgesellschaft auf Grund ihrer Heil- und Duftwirkung magische Kräfte zu, wie Schutz vor Gefahren und Unheil und Heilung von Krankheiten. Das Verwenden von Pflanzenteilen und Blumen zu kulturellen Zwecken ist viele Jahrtausende lang zu verfolgen. Jäger in der Urgesellschaft übten den ersten Brauch aus, sie verwendeten gebrochene grüne Zweige, den „Bruch", um sich vor der Geisterrache zu schützen. Als Grabbeigaben in der Bronzezeit wurden gepflückte Feldblumensträuße verwendet. Manche kultischen, mystischen und rituellen Bräuche haben sich bis in unsere Zeit erhalten. Erste Brauchtumsformen waren schnurartig zusammengefügte Zweige und Blumen, die in Form girlandenähnlicher Blütenketten als Hals- und Kopfschmuck dienten. Im Altertum trug man den Kopfkranz als Schmuck und Ehrung. Während der Antike wurden Vasen mit frischen Blumen geschmückt. Besonders im Vorderen Orient und im Südosten Europas war der Blumenschmuck verbreitet. In Ägypten, Babylonien und Assyrien ließen Sklavenhalter viele Blumen kultivieren; bei Festen und Feierlichkeiten soll die Blumenverschwendung groß ge-

Bronzezeit

Urgesellschaft

Antike

wesen sein. Auch im fernöstlichen und indischen Raum entwickelte sich bereits sehr früh – im Zusammenhang mit philosophischen und religiösen Lehren – eine hohe Blumenkultur. In Indien z. B. ist das Tragen von Blüten im Haar als festlicher Schmuck und bei Empfängen eine uralte Tradition.

Die meisten heute verwendeten Schnittblumen haben ihren Ursprung in fremden Erdteilen. Die aus dem Mittelmeergebiet und dem Vorderen Orient stammenden Blumen kamen vorwiegend im Mittelalter nach Europa. Später, mit der Entdeckung und Eroberung neuer Erdteile, wurden immer mehr neue Gewächse eingeführt, und man registrierte schließlich auch das Einführungsjahr.

Einführung von Pflanzen

Die Geschichte der Einführung von Pflanzen liest sich wie ein spannender Roman. Bereits 1482 v. u. Z. wurde die erste überlieferte Expedition zur Pflanzensuche in fremde Länder geschickt. Es war die ägyptische Königin Hatschepsut, die nach dem Arabischen Weihrauchbaum *(Boswellia)* in Ostafrika suchen ließ. Großes Interesse nach neuen Pflanzen bestand besonders im frühen Mittelalter, als sich Ärzte, Mönche und Apotheker intensiver mit den Kräutern zu beschäftigen begannen. Als einer der ersten berufsmäßigen Pflanzensammler war Albertus MAGNUS (1193–1280) tätig. Weitere berühmte Botaniker und Pflanzensammler folgten im 16. Jahrhundert, wie Hieronymus BOCK, Otto BRUNFELS und Leonhart FUCHS, die die berühmten Kräuterbücher verfaßten. Im 18. Jahrhundert trieb besonders der wissenschaftliche Forschergeist zum Pflanzensammeln an. In diesem Zusammenhang soll der schwedische Botaniker, Pflanzensammler und Systematiker Carl VON LINNÉ genannt werden.

Entdeckungsreisen

Die Entdeckungsreisen im 18. und 19. Jahrhundert in Afrika, Amerika und Asien brachten viele neue Pflanzen nach Europa. Gewächshäuser mußten erfunden und gebaut werden, die WARD'sche Kiste zum Transportieren lebender Pflanzen wurde ebenfalls um diese Zeit (1834) entwickelt und eingesetzt. Darunter verstehen wir verschließbare verglaste Behälter, um empfindliche exotische Gewächse lebend aus Übersee nach Europa transportieren zu können. Der englische

Arzt und Biologe Nathaniel Bagshaw WARD hatte diese verschließbaren Glasbehälter erstmalig gebaut. Bis in die heutige Zeit geht das Sammeln von Pflanzen, ständig werden neue Arten in den entferntesten und unwegsamsten Gebieten der Erde gefunden, beschrieben, gesammelt und der Forschung und Züchtung zugeführt.
Von einigen ausgewählten Blumen ist nachfolgend die Einführung in unser Gebiet geschildert.

Rosa centifolia aus „Les Roses" von REDOUTÉ *(1817)*

Rose

Die Ausgangsarten unserer heutigen Edelrosen stammen aus dem östlichen Mittelmeergebiet, aus Vorderasien und Ostasien. Bereits vor 5000 Jahren muß die Rose im Vorderen Orient als Kulturpflanze verwendet worden sein. Sie ist wahrscheinlich die älteste Gartenpflanze der Erde. Rosenkultur und Rosenzüchtung gelten als älteste Blumenkultur überhaupt. Von Kleinasien kam die Rose nach Griechenland, wo sie ebenfalls bald großes Ansehen erlangte. Es war die altgriechische Dichterin SAPPHO, die der Rose den Ehrennamen „Königin der Blumen" gab. Im alten Persien wurden Rosenfeste gefeiert, terrassenförmig angelegte Rosengärten soll es bereits damals gegeben haben. Auch bei den Römern in der Antike stand die Rose im Mittelpunkt prunkvoller Feste. Die Römer liebten ihren Duft und suchten diesem durch Massenverwendung eine betäubende Wirkung zu verleihen. Die Kunst des Veredelns war bekannt und erste Ansätze eines gesteuerten Rosenanbaus vorhanden. Die christliche Kirche bekämpfte anfangs den Rosenkult, konnte ihn aber nicht beseitigen. So wandelte sich die Bedeutung der Rose in dieser Zeit, das Rosenkranzgebet wurde eingeführt, und die Rose wurde zum Sinnbild der Reinheit und Unschuld. Nach Mitteleuropa kam die Rose durch die Kreuzzüge um 1250. Bald entstanden Rosengärten an den Burgen und Schlössern. In dieser Zeit verwendete man die Rose vorwiegend als Heilmittel. Erst mit der Einführung weiterer Rosenarten aus dem asiatischen Raum Anfang des 19. Jahrhunderts begann in Europa eine intensive Züchtungsarbeit, die bis in die heutige Zeit reicht.

Gartentulpen

Die Stammart unserer Gartentulpen (Tulipa-Hybriden) ist in den Steppengebieten Vorder- und Innerasiens beheimatet. Bereits im 12. Jahrhundert galten die Tulpen bei den türkischen Gärtnern als unentbehrlicher Gartenschmuck. Von Konstantinopel kamen die ersten Zwiebeln im Jahre 1559 nach Wien. Es war der Kaiserliche Gesandte am Hofe Solimans II., Ogier Ghiselin de Busbecq, der innerhalb eines Jahres Tulpe, Hyazinthe, Flieder, Pfeifenstrauch und Eibisch einführte. Von Wien kamen die Tulpen 1559 in die Gärten der Fugger (Handels- und Bankhaus) nach Augsburg und anschließend nach Holland. Seit 1585 blühten in Holland Tulpenhandel und -kultur. Die „Tulpenmanie“ begann, man spekulierte mit neuen Sorten, und über Nacht wechselten wegen einiger Zwiebeln Vermögen ihre Besitzer. Zwischen 1634 und 1640 erreichte diese Leidenschaft ihren Höhepunkt, die Tulpe verdrängte die Rose, und Hunderte von Züchtungsformen entstanden. Bis heute ist Holland das Land der Tulpen geblieben, obwohl auch in Berlin der Tulpenanbau einmal hohes Ansehen genoß. Das war zwischen 1730 und 1870, nichts davon ist geblieben. Alle heute in Kultur befindlichen Sorten entstanden in den letzten 50 bis 60 Jahren.

Die Wildart vom Flieder *(Syringa vulgaris)*, aus der die heutigen Gartensorten entstanden sind, kam Mitte des 16. Jahrhunderts aus Südosteuropa nach Wien, wo er 1559 erstmalig blühte. Von hier aus verbreitete er sich rasch weiter. Bereits 1613 wurde eine weißblühende Sorte erwähnt, und 1683 blühte erstmalig eine dunkelrote Sorte. *Flieder*

Von den Lilien, die mit vielen Wildarten in der gesamten nördlichen gemäßigten Zone vorkommen, wurde zuerst die im Mittelmeergebiet beheimatete weiße Madonnenlilie *(Lilium candidum)* als Zierpflanze verwendet. Bereits im Altertum galt die weiße Lilie als eine besondere Blume. Sie wurde verehrt und als von den Göttern selbst abstammend geschildert. In den Prunkräumen und im Atrium der Griechen und Römer standen langstielige Lilien in hohen Vasen, und die Kissen der Ruhebetten wurden mit Lilien und Rosen ausgestopft. Im Mittelalter kultivierte man die Lilie als Heilpflanze in Mitteleuropa, später kam sie in die Bauerngärten. *Lilien*

Die erste fremde Lilienart in Europa war die Kanadische Lilie *(Lilium canadense)*, sie kam 1629 auf unseren Kontinent. Im 19. Jahrhundert erfolgte dann die Einführung ostasiatischer Lilienarten, die für die Züchtung von Bedeutung waren.

Die Edelnelke *(Dianthus caryophyllus)* war bereits im Altertum eine Gartenblume, sie ist seit über 2000 Jahren bekannt und wurde als Heilpflanze (Negelblum, Nägelein) benutzt. Zu Beginn des 12. Jahrhunderts kam sie mit den ersten Kreuzzügen nach Mitteleuropa. Im 17. Jahrhundert gab es in Frankreich und England bereits viele Varietäten der Edelnelke. Sie wurde damals die Blume der Aristokratie und galt als Attribut der Vornehmheit. Aber bald war sie in ganz Europa eine ausgesprochene Modeblume. In den Zeiten der ersten Klassenkämpfe der Arbeiterklasse wurde die rote Nelke Symbol für deren internationale Solidarität. *Edelnelke*

Das Löwenmaul *(Antirrhinum majus)* kam im frühen Mittelalter aus Kleinasien nach Europa. *Löwenmaul*

Goldlack

Der Goldlack *(Cheiranthus cheiri)* wurde bereits bei den alten Römern kultiviert und zu Blumengirlanden gebunden. Im Mittelalter kam die in Südeuropa und Nordafrika beheimatete Blume in die Burg- und Bauerngärten.

Alpenveilchen

Das Alpenveilchen *(Cyclamen persicum)* soll zwischen 1620 und 1630 aus Persien nach Frankreich gekommen sein. Aus der kleinblumigen Wildart entstanden durch züchterische Bearbeitung bis in die heutige Zeit Kultursorten von höchster Vollkommenheit in Form und Farbe.

Edelwicke

Die Edelwicke *(Lathyrus odoratus)* stammt aus Südeuropa – besonders Spanien – und Ostindien. Eingeführt um 1700, begann die Züchtung bald darauf in England. Aber erst um 1900 entstanden für die Schnittblumengewinnung bedeutsame Sorten, die sich für den gärtnerischen Anbau lohnten.

Myrte
Rosmarin

Die Myrte *(Myrtus communis)* ist im gesamten Mittelmeergebiet beheimatet. Sie gilt neben Rosmarin *(Rosmarinus officinalis)* als eine der ältesten Zimmerpflanzen, denn im Mittelalter kultivierte man sie nicht nur in den Klöstern. Als Brautschmuck werden die Zweigspitzen seit Anfang des 17. Jahrhunderts verwendet.

Narzisse

Obwohl die Narzisse *(Narcissus*-Arten) seit dem 16. Jahrhundert eine beliebte Gartenblume bei uns ist, begann erst Ende des 19. Jahrhunderts eine züchterische Bearbeitung. Ihre Heimat sind die Alpen von der Schweiz bis Tirol.

Gerbera

Die Gerbera *(Gerbera jamesonii)* stammt aus Südafrika und kam 1887 nach England. Sie wurde bald züchterisch in England und Frankreich bearbeitet und galt Anfang des 20. Jahrhunderts neben der Nelke als eine der wertvollsten Schnittblumen. Auf Grund ihres unsicheren Anbaus fand sie aber kaum Eingang in die gärtnerische Kultur. Erst nach dem zweiten Weltkrieg begann eine erneute ernsthafte züchterische Arbeit an dieser schönen Blume, die heute neben Rose und Nelke zu den meistgekauften Schnittblumen zählt.

Wildform der Gerbera nach HOOKER *(1889)*

Urform der Dahlie aus dem Jahr 1651

Dahlie

Die Dahlie *(Dahlia pinnata)* ist eine alte Kulturpflanze in Mexiko. Als erste Europäer berichteten Spanier zwischen 1571 und 1577 von dieser Pflanze. Aber erst 1790 kam sie nach Madrid, wo sie im gleichen Jahr auch blühte. Mit dem Auffinden und Einführen von Wildarten im Jahre 1803 nach Europa begann die Züchtung neuer Arten und Sorten. Auch Alexander VON HUMBOLDT machte sich um die Einführung der Dahlie verdient. Als er 1813 in Mexiko weilte, schickte er Rhizome an die Botanischen Gärten von Paris und Berlin.

Chrysantheme

Die Chrysantheme *(Chrysanthemum indicum)* ist neben der Rose die älteste Gartenblume der Erde. Sie stammt aus China und soll bereits seit 2500 Jahren als Kulturpflanze bekannt sein. Um 400 v. u. Z. sind die ersten Gartenzüchtungen entstanden. Zu Beginn unserer Zeitrechnung war die Chrysantheme in Japan eine beliebte Blume, sie wurde die Wappenblume des Kaisers und ein beliebtes Motiv in der Malerei und Stickerei. Erst im Jahre 1759 kam die erste Chrysantheme nach England, wurde dort aber nicht gleich züchterisch bearbeitet.

Erst nach der Einführung von drei großblumigen Chrysanthemen im Jahre 1789 nach Paris und London begann die erfolgreiche Züchtungsarbeit. Weitere Einführungen japanischer Sorten sorgten für einen schnellen Aufschwung in der gärtnerischen Kultur in Europa. Um 1812 tauchten die ersten Chrysanthemen in Deutschland auf.

Sommeraster

Die ersten Wildformen der Sommeraster *(Callistephus chinensis)* wurden 1731 von einem französischen Missionar in China gesammelt und nach Frankreich gebracht. Sie blühten einfach und besaßen 3 bis 4 Blütenblattkreise in den Farben Weiß, Blau oder Violett. Aus dieser ursprünglichen Blumenform entstand dann das in Form und Farbe so umfangreiche Sortiment.

Freesie

Die Freesie *(Freesia refracta)* ist in Südafrika beheimatet und wurde 1870 bei uns in botanische Gärten eingeführt. Der Pflanze schenkte man zuerst kaum Beachtung. Erst um 1900 begann man mit der züchterischen Bearbeitung, die ihren Höhepunkt erst in den letzten zwei Jahrzehnten fand.

Weihnachtsstern

Der Weihnachtsstern *(Euphorbia pulcherrima)* ist in den Hochebenen von Mexiko beheimatet. Von dort wurde er 1834 nach Europa gebracht und zuerst im Kew-Garden bei London kultiviert. Als Topfblume und haltbare Schnittblume hat er sich erst in den letzten 50 Jahren durchgesetzt.

Ritterstern

Die heutigen Ritterstern-Sorten (Hippeastrum-Hybriden) stammen von der in Peru wild wachsenden Art *Hippeastrum vittatum* ab. Eingeführt wurde diese Pflanze in Europa im Jahre 1769. Um 1800 begann man in England mit der Züchtung.

Die Kunst des Blumenschenkens

Statt lange Briefe zu schreiben,
schicke ich meinen Freunden
herrliche Blumen.

Berthe MORISOT (1841–1895)

Das Blumenschenken ist eine der liebenswertesten Äußerungen der Menschen untereinander. Es setzt Achtung, Liebe und Verehrung voraus. Blumen schenken heißt, sich der Schönheit der Natur bedienen, um Brücken zwischen den Herzen der Menschen zu schlagen. Blumenschenken ist aber auch eine Kunst, die zu erlernen sich lohnt.

Sind Blumen als Geschenk angebracht oder nicht, schenken wir richtig oder falsch? Blumen – ja oder nein ... und welche? Diese Fragen haben sicher schon viele Menschen gestellt. Es gibt heute kein Ereignis mehr im Leben, das ohne Blumen denkbar wäre. Ob ein hoher Staatsmann empfangen, ein Bühnenstar geehrt und bewundert wird, ob ein Mann seiner Frau zum Wochenende eine Freude bereiten will oder Festtage gefeiert werden – immer sind Blumen dabei und begleiten das Geschehen sowohl im privaten als auch im gesellschaftlichen Leben. Es müssen dabei nicht immer große Sträuße und kostbare Blumen sein, die aus Liebe, als Aufmerksamkeit, als Dank für Begeisterung oder als Zeichen der Verehrung überreicht werden. Ein Veilchensträußchen oder ein kleines Maiblumengebinde können genauso wie ein teurer Orchideenstrauß Freude bereiten.

Wie freut sich ein Kranker über Blumen! Zum Tanzstundenball, bei einer Einladung zum Abend bei Freunden, zum bestandenen Examen, zur Eröffnung eines Geschäfts und zum Jubiläum gehören Blumen. An Gedenk- und Festtagen schmücken wir unser Heim mit Blumen. Ziehen gute Bekannte in eine neue Wohnung, schickt man ihnen einen Blumenstrauß oder eine Zimmerpflanze, bei Abfahrt und Ankunft wird man immer mit Blumen aufwarten usw. Auch zum Familienleben gehören Blumen, und zwar nicht nur dann, wenn es einen offiziellen Anlaß gibt.

Wer das Blumenschenken verneint, ist sich des Wertes einer solchen Geste nicht bewußt. Er übersieht nicht nur den Anlaß, sondern auch die Freude, die Blumen hervorrufen können.

Wir tragen wieder Blumen, möchte man den Männern zurufen, die auch heute noch mit einer gewissen Scheu ein Blumengeschäft betreten und dann nicht gern mit diesen Blumen in der Hand durch die Straßen gehen. Frauen freuen sich immer über Blumen. Deshalb sollten die Männer der Frau oder Freundin auch viel öfter Blumen schenken. Blumen in der Hand des Mannes auf der Straße – und nicht in der Aktentasche – lassen zuvorkommendes Wesen und Aufmerksamkeit erkennen. Dabei ist es gleich, ob er die Blumen mit nach Hause zu seiner Frau und seinen Kindern bringt, ob er Bekannten einen Besuch abstattet, ob er jemanden ehren oder beglückwünschen oder ob er seinen Arbeitsplatz mit Blumen schmücken will.

Die passenden Blumen auswählen

Mit Sorgfalt sind die passenden Blumen auszuwählen. Sie richten sich nach dem Anlaß und auch danach, ob man einen Herrn, eine Dame oder ein Kind, einen älteren oder einen jüngeren Menschen, einen Kranken oder einen Gesunden mit Blumen bedenkt. Hinzu kommt, daß jeder seine Lieblingsblumen und eine besondere Vorliebe für bestimmte Formen und Farben hat.

Eines schickt sich nicht für alle. Zu einem Mann z. B. passen keine zierlichen Blumen, wohl aber langstielige Rosen oder Nelken und großblumige Chrysanthemen. Will man ganz persönlich „durch die Blume sprechen", dann sollten die Lieblingsblumen geschenkt werden. Weiß man sie nicht, so wählt man für den Herrn rote und weiße Nelken oder Blumen der Saison, für eine Dame ebenfalls Nelken, aber nach Möglichkeit in Rosa oder Gelb. Älteren Menschen schenkt man zum Geburtstag oder zu einem anderen Ehrentag besser Blattpflanzen oder blühende Topfpflanzen. In ihrem Alter haben sie Muße, solche Pflanzen zu hegen und zu pflegen und erfreuen sich länger an den nicht so rasch vergänglichen Schnittblumen.

Will ein junger Mann mit einer jungen Dame ausgehen,

so ist es eine hübsche Aufmerksamkeit, wenn er ihr eine kostbare Blüte, z. B. eine Orchidee oder eine Anthurie, am Nachmittag zukommen läßt oder sie mitbringt, mit der Bitte, sie möge die Blüte abends am Kleid tragen.

Anzahl der Blumen

Soll ein Strauß entsprechend wirken, ist auch die Anzahl der Blumen nicht unwichtig. Es darf weder ein dürftiger noch ein überladener Eindruck entstehen. Eine ungerade Anzahl Blumen läßt sich im allgemeinen eleganter in der Vase anordnen als eine gerade Anzahl (also 3, 5, 7 oder 9 Blumen verwenden).

Das zweckmäßige Blumenschenken

Ein weiterer Gesichtspunkt ist das praktische bzw. zweckmäßige Blumenschenken. In eine kleine Wohnung oder eine Mansardenwohnung nimmt man beispielsweise keine langstieligen oder großblütigen Blumen (etwa Chrysanthemen, Dahlien o. ä.), Blütenzweige oder wuchtige Gebinde mit. Da hier meist weder große Vasen noch Bodenvasen aufgestellt werden können, ist es viel angebrachter, Gerbera, Wicken, Freesien oder andere, in kleiner Anzahl wirkende Blumen zu kaufen.

Überreichen von Blumen

Blumen werden immer sichtbar, also ausgewickelt, überreicht. Sie werden aber immer in Papier gewickelt transportiert, und zwar um ihre Anonymität vor Fremden zu wahren, um die Blumen vor Staub und Sonneneinwirkung zu schützen, um zu verhindern, daß sie durch die Handwärme vorzeitig austrocknen, und um sie vor dem Erfrieren zu bewahren. Die Papierhülle wird aber in der Diele bzw. im Flur oder vor der Tür des Gastgebers entfernt, das Papier zusammengeknüllt und auf den Dielentisch gelegt oder notfalls in die eigene Tasche gesteckt. Sind die Blumen allerdings in Cellophan oder anderes durchsichtiges Verpackungsmaterial eingewickelt, so bleiben sie in dieser Verpackung. Erst der Empfänger nimmt den Strauß aus dem durchsichtigen Papier heraus und stellt sie in die Vase.

Blumen überreicht man mit der linken Hand, die rechte Hand muß zur Begrüßung frei bleiben. Der Blumenstrauß wird mit einigen verbindlichen Worten überreicht. Bringen zusammengehörige Partner bei einer Einladung Blumen mit, so überreicht der Herr der Dame des Hauses die Blumen. Auch wenn es sich um eine Einladung zum Geburtstag des Hausherrn handelt, werden der Dame des Hauses die Blumen überreicht. Dem Geburtstagskind wird man anschließend das Geschenk – festlich in anderer Form dekoriert – mit liebenswürdigen Worten präsentieren.

Macht ein Herr im Elternhaus seiner Dame bzw. Braut seine Aufwartung, ist es wohl selbstverständlich, daß er zwei Sträuße mitnimmt. Zuerst überreicht er der Mutter die Blumen, dann der Tochter. Geschmacklos wäre es, zwei gleiche Sträuße mitzubringen!

Daß Sträuße nicht mit den Stielen nach oben zu überreichen sind, bedarf wohl keiner Erwähnung.

Entgegennehmen von Blumen

Und nun einige Worte zur Empfängerin bzw. zum Empfänger. Nicht nur das Blumenschenken will gelernt sein, sondern auch, Blumen richtig entgegenzunehmen. Die (bzw. der) Beschenkte nimmt die Blumen mit einigen Dankesworten entgegen und gibt der Freude dadurch Ausdruck, daß sie/er die Blumen bewundert und diese auch von den Anwesenden bewundern läßt. Dann wird der Strauß, gefällig geordnet, in eine Vase gestellt. Die Blumen des Gastes gehören in das Zimmer, in dem man sich aufhält. Die Vase ist dekorativ und nach nochmaliger Würdigung der Blumen für alle sichtbar aufzustellen.

Falsch wäre es, einen überreichten Blumenstrauß mit den Worten: „Das wäre aber doch wirklich nicht nötig gewesen ...“ oder: „Da habt ihr euch aber in Unkosten gestürzt ...“ beiseite zu legen oder die Blumen, um sie länger frisch zu halten, im Flur oder einem anderen Raum kühl zu stellen oder bei kostbaren Blüten zu stammeln: „Das kann ich doch gar nicht annehmen!“

Wenn bei einem besonderen Anlaß viel Blumen erwartet werden, dann sollte die Hausfrau eine Anzahl verschiedener Vasen – bereits mit Wasser gefüllt – bereitgestellt haben.

Meistens wird der Herr der Dame Blumen schenken. Doch sollte man dem Mann die Freude an Blumen nicht vorenthalten. Viele Frauen z. B. wissen, daß auch ein männlicher Kollege für die Reize der Blumenwelt empfänglich ist. Sie stellt ihm Blumen auf den Schreibtisch bzw. in sein Arbeitszimmer und lockert damit die strenge Arbeitsatmosphäre auf. Gelegenheiten, einem Mann Blumen zu schenken, gibt es genug. Sei es die Blume im Knopfloch oder auf dem Schreib- oder Arbeitstisch.

Auch der Wunsch der Kinder, Blumen zu pflücken bzw. zu schenken, sollte gepflegt und sie sollten dazu erzogen werden, durch Blumen die Umgebung zu verschönern und nicht nur der Mutter, sondern auch dem Vater Blumen zu bringen.

Wann und wem schenke ich welche Blumen?

Man sollte stets daran denken, daß geschenkte Blumen das eigene Niveau und den eigenen Geschmack charakterisieren.
Dabei spielt nicht nur die Auswahl der Blumenart, sondern auch die Farbe und die gesamte Komposition eine Rolle. Die Blumensprache vergangener Gesellschaftsordnungen ist zwar überholt, doch sind noch einige Regeln, die sich aus der Pflanzen- und Farbensymbolik ableiten, erhalten geblieben, die man beachten sollte.

Einige Regeln für das Zusammenstellen von Blumen

Durch rote Blüten beispielsweise (Rosen, Nelken, Mohn usw.) wird innige Zuneigung ausgedrückt; rosa Blüten dagegen (Nelken usw.) gelten als neutral und sind für festliche Anlässe jeder Art geeignet. Einem jungen Mädchen wird man möglichst rote oder rosa Rosenknospen schenken; einer jungen Frau bringt man Rosen oder Nelken. Einer reiferen Frau dagegen wird man zartfarbene Chrysanthemen, Lilien o. ä. überreichen.
Vorweg noch ein Wort zur Wirkung des Straußes bzw. Gebindes: Blumengebinde, die in ihrer Zusammenstellung und ihrer Art an Garten, Wald und Feld erinnern, wirken einfach, schlicht und warm.
Blumengebinde aus nur einer Blumenart und eventuell nur in einer Farbe wirken konventionell, vornehm und edel.
Je größer ein Blumengebinde aus einer Blumensorte, desto repräsentativer und festlicher, aber auch unpersönlicher ist es. Dieser Eindruck kann sich bis zur Aufdringlichkeit steigern.
Blumengebinde aus zwei und mehr Blumenarten (z. B. Wicken, Maiglöckchen und Rosen; Veilchen und Maiglöckchen; Rosen und Freesien; Rosen, Freesien und Ritterstern; Flieder, Narzissen, Anemonen und Ixien o. ä.) wirken in ihrer bunten Harmonie auflockernd, freundlich und warm und lassen Beziehungen zur Viel-

falt und zum Formenreichtum der Natur erkennen. Dabei sollte aber unbedingt die Verträglichkeit der jeweiligen Blumen untereinander sowie ihre Haltbarkeit berücksichtigt werden. Veilchen und Maiglöckchen z. B. sehen zusammen gut aus, halten sich aber nicht lange in einer Vase.
Einzelblüten, z. B. Orchideen, Anthurien, Lilien, Gerbera usw., wirken vornehm, unaufdringlich, zurückhaltend, müssen allerdings geschmackvoll verarbeitet sein.

Geburt

Anläßlich der Geburt eines Kinder überreicht man der Mutti zu diesem freudigen Ereignis Blumen in Liebe und Verehrung, und zwar die schönsten Blumen, die man erhalten kann. Man wird möglichst edle Blumen und, wenn möglich, ihre Lieblingsblumen wählen, um ihr eine besondere Freude zu bereiten. Zu bedenken ist aber, daß für den Krankenhausaufenthalt z. B. Flieder, Maiglöckchen, Nelken und andere stark duftende Blüten ungeeignet sind, da sie Kopfschmerzen verursachen können.
Ein netter Brauch ist es auch, bei der Geburt eines Mädchens rosa und rote Blumen (z. B. Wicken, Edelrosenknospen, Polyantharosen, Freesien u. ä.), bei der Geburt eines Jungen blaue oder violettblühende Schnittblumen (z. B. Veilchen, Wicken, Vergißmeinnicht, Anemonen u. ä.) und bei der Geburt von Zwillingen zwei Blumensträuße gleicher Art zu schenken.

Namensgebung

Zur Namensgebung sind Blumen in zarten Farben und zarten Formen zweckmäßig. Es eignen sich alle pastellfarbenen sowie kleinblütigen bunten Blumen aus dem Gewächshaus oder Sommerblumen sowie Mandel- und Kirschblütenzweige.

Geburtstag

Hat ein Kind Geburtstag, so kann man nicht nur eine dem Alter entsprechende Anzahl Kerzen auf den Geburtstagstisch stellen, sondern außerdem noch den Lebensjahren entsprechend viele Blumen in einem Strauß vereinen.

Kindergeburtstag

Für den Kindergeburtstag sind bunte Blumen, kleine lustige Sträuße und Gestecke mit leuchtenden, starken Farbeffekten, Biedermeiersträuße mit Spitzenmanschette und Bändern gut geeignet. Auf den Geburtstagstisch kann man kleine bunte Blumenkränzchen legen oder die Kaffeetafel (richtiger Kakaotafel!) mit Blumenkränzchen schmücken.

Geburtstag Erwachsener

Zum Geburtstag Erwachsener sollte man nach Möglichkeit die Lieblingsblumen des Geburtstagskindes wählen. Zugleich muß man sich nach der Jahreszeit, dem Angebot, seiner Beziehung zum Empfänger und nicht zuletzt seinem Alter sowie nach dessen Einstellung zur Natur richten. Man sollte beispielsweise einen Menschen, der unkompliziert ist und herzlich wenig Interesse für die Natur hat, nicht mit Raritäten aus dem Pflanzenreich, etwa Orchideen, Strelitzien oder Anthurien, selbst in bester Aufmachung, bedenken. Hier ist ein geschmackvoller und wirkungsvoller Strauß der jahreszeitlich jeweils anfallenden Blumen – in Verbindung mit einem passenden Geschenk – wahrscheinlich passender.

Einem jungen Mädchen wird man möglichst rote oder rosa Rosenknospen schenken; einer Frau bringt man aufgeblühte Rosen oder Nelken. Es kommt eben darauf an, in welcher Beziehung man zum Geburtstagskind steht.

Eine besondere Aufmerksamkeit als Geburtstagsgeschenk für Pflanzenkenner sind Orchideen, Strelitzien und Anthurien. Es ist durchaus angebracht, die zarten und kostbaren Orchideen in geschmackvollen Rauchglasvasen zu verschenken.

Wie bei jedem Geschenk muß man sich auch bei Blumen seinen eigenen geldlichen Verhältnissen anpassen. Auch ein Feldblumenstrauß kann große Freude auslösen und dem Geburtstagskind Zuneigung beweisen. Geburtstagskinder reiferen Alters freuen sich gewöhnlich viel mehr über blühende Topfpflanzen oder Blattgewächse als über die leicht vergänglichen Schnittblumen. Dem Gartenfreund bzw. dem Besitzer eines Pflanzenfensters kann man sicherlich eine Freude mit Hortensien, Rhododendron, Usambaraveilchen oder einer tropischen Orchidee machen.

Verlobung

Für eine Verlobung sind alle möglichen edlen Blumen mit vornehmem und elegantem Aussehen angebracht. Je nach der Form der Feier – festlich förmlich oder eine bunte lustige Feier unter jungen Leuten – sind die Blumen zu wählen. Es eignen sich alle Farben und Formen, sie dürfen aber nicht zu kontrastreich und zu stark gemischt sein. Zu einer festlichen Feier gehören langstielige gelbe oder rosa Rosen, rosa oder weiße Nelken, Skabiosen, lila Flieder und auch Orchideen. Auch gesteckte oder gepflanzte Schalen sind geeignet.

Hochzeit

Die Auswahlmöglichkeiten der Blumen zu diesem Anlaß sind entsprechend der Jahreszeit sehr unterschiedlich. Je nach Beziehung zum Hochzeitspaar kann man vom geschmackvollen einfachen Strauß bis zu gewagten Kombinationen alles schenken.

Mögen die Hochzeitsbräuche auch noch so verschieden und die Kleidung der Brautleute der Mode und dem persönlichen Geschmack unterworfen sein, eine Braut ohne Blumenstrauß ist keine Braut.

Während früher meist nur einfarbige Blumen – vorwiegend zartrosa oder weiße Blumen – verwendet wurden, nimmt man heute auch andere Blüten oder stellt mehrere Blumenarten zusammen und stimmt Form und Farbe aufeinander ab. Generell gilt, daß alles erlaubt ist, was harmonisch aufeinander abgestimmt ist und schön wirkt.

Brautstrauß

Ein Brautstrauß muß nicht unbedingt aus kostbaren Blüten bestehen. Entscheidend für die Wahl der Blüten und die Form des Straußes sind Alter, Größe und Typ der Trägerin sowie die Farbe und die Länge des Hochzeitskleides.

Brautstraußformen

Zu beachten ist, daß eine kleine zarte Braut keinen zu üppigen Brautstrauß und auch keine großen Blüten trägt. Zu ihr paßt ein kleiner rundgebundener Strauß (Biedermeierstrauß), eine Fantasieform oder der Körbchenbrautstrauß. Besonders die letzte Straußform, die am Arm getragen wird, ist jungen Bräuten zu empfehlen.

Eine große, stattliche Braut kann den fließend gebundenen Armstrauß wählen. Er ist ein Prunkstrauß, zu dem langstielige Blumen verwendet werden. Der Schwerpunkt des Straußes liegt auf dem Arm der Braut, und die Blumen fallen über den Arm herunter. Aber auch alle anderen Braustraußformen sind geeignet.

Folgende Brautstraußformen werden von den Blumenbinderinnen angefertigt.

Der Biedermeierbrautstrauß ist ein rund gebundener Strauß, in dem die Blüten in gleicher Höhe in Halbkugelform angeordnet sind und entweder locker oder dicht geschlossen aneinandergefügt werden. Der Biedermeierstrauß kann einfarbig nur von einer Blumenart (z. B. Rosen, Gerbera oder Nelken), zweifarbig von zwei verschiedenen Blumenarten (z. B. rote Rosen und blaue Iris oder rote Rosen und gelbe Gerbera) oder mehrfarbig aus vielen Blumenarten angefertigt werden. Als Abschluß des Straußes dienen dekorative grüne Blätter oder Tüllmanschetten aus Rüschenbogen oder drahtgestützten Textilblättern. Auch mit auf Draht gezogenen Perlen lassen sich Manschettenbögen herstellen. Beliebt sind ein oder mehrere Miniaturbiedermeier als sogenannte „Kindel", die auf textilbezogenen Drähten rankenähnliche Straußausläufer darstellen. *Biedermeierbrautstrauß*

Ähnlich in der Form ist der Schwedische Mittsommerbrautstrauß. Er besteht aus vielen bunten Blumen, sowohl aus dem Gewächshaus (Rosen, Nelken, Gerbera) als auch aus dem Freiland (Sommerblumen, Stauden). Einige Gräserhalme und Getreideähren ragen dabei aus der Straußwölbung heraus. Als Abschluß werden bündelweise rund um den Strauß bunte schmale Folklorebänder angeordnet. *Schwedischer Mittsommerbrautstrauß*

Von dieser runden Form abgewandelt ist der Vierlinien-Brautstrauß. Aus einer rundlichen Mitte, die aus wenigen Blüten besteht, werden gleichmäßig nach allen vier Seiten die Blumen ausschwingend angeordnet. Anstelle von Blüten können auch Tüll oder Spitze als Ranken dienen. *Vierlinien-Brautstrauß*

Einseitig gebundene Sträuße sind asymmetrisch angeordnet. Abstufungen durch Hoch- und Tiefstellen der Blüten. *Einseitig gebundener Strauß*

Der Englische Brautstrauß hat ein Mittelteil und zwei unterschiedlich lange Ranken, die zu beiden Seiten angeordnet werden. *Englischer Brautstrauß*

Der fließend gebundene Brautstrauß ist eine traditionelle alte Form, der mit langstieligen Blumen als Armstrauß angefertigt wird. *Fließend gebundener Brautstrauß*

In abgewandelter Form hat sich in der letzten Zeit die sogenannte Fantasieform durchgesetzt. Fantasiebrautsträuße sind Blumenarrangements in freier Form. Dem *Fantasiebrautstrauß*

Angebot entsprechend werden sowohl edlere Schnittblumen (Rosen, Gerbera, Anthurien, Orchideen) als auch bunte Sommerblumen und Stauden aus dem Freiland verwendet. Mit unterschiedlichem Beiwerk, wie Textilien, Metall, Perlen, Federn, werden die Blumen dekorativ untermalt.

Körbchenbrautstrauß

Modern und elegant ist auch der Körbchenbrautstrauß. Hier handelt es sich um eine asymmetrische Steckarbeit. Als Unterlage dient ein Körbchen aus Draht oder anderem Material mit Moospolster, in das die nicht zu großen Blüten gesteckt werden. Der Bügel wird mit Spitze oder Band garniert.

Muffbrautstrauß

Wenig bekannt ist der Muffbrautstrauß. An der Vorderseite des aus Seide und gerüschtem Tüll angefertigten Muffs wird ein kleines Blumengebinde, meistens aus Orchideen bestehend und mit einigen wenigen zarten Blättern und Trieben verziert, angebracht.

Blumenkugel

Neu ist die Blumenkugel als Brautstrauß. Sie wird in unterschiedlicher Größe mit kurzstieligen Blumen angefertigt und mit einem Band am Arm getragen.

Da der Brautstrauß der persönliche Schmuck der Braut ist, sollten Braut und Bräutigam rechtzeitig und gemeinsam ihre Wünsche im Blumengeschäft vortragen.

Für den Blumenbinder sind Alter, Größe, Statur der Braut sowie Farbe und Schnitt des Brautkleides wichtig für die Auswahl der Blumen und für die Form des Straußes. In vielen Blumengeschäften gibt es bereits für die Kundenberatung Brautstraußkataloge mit Farb- und Schwarzweißabbildungen.

Kopfschmuck und Anstecker

Zum Brautpaar gehören außerdem der Myrtenschmuck für den Kopf der Braut und zwei Ansteckstäußchen aus Myrten – eines in Broschenform für die Braut und eines als Knopflochsträußchen für den Bräutigam. Obwohl in Spezialgeschäften diese Anstecker und der Kopfschmuck in künstlichen Formen angeboten werden, sind sie aus lebendem Material geschmackvoller. Der Kopfschmuck kann als Reif, Diadem, Krone, Spange oder Bogendiadem gefertigt werden. Mit der Myrte werden vielfach eine Blüte oder Teile einer Blüte verarbeitet. Man kann diesen Schmuck allerdings auch ausschließlich mit den Blüten anfertigen, aus denen der Brautstrauß besteht, also ohne Myrte.

Zu einer Hochzeit gehört heute auch der Autoschmuck. Auf dem Kühler des Autos wird ein kleines Gesteck angebracht, das durch Magneten oder durch kreuzweise gespannte Bänder befestigt wird. Hierfür eignen sich alle Schnittblumen.

Autoschmuck

Noch einige Worte zum jährlich wiederkehrenden Hochzeitstag. Hier bieten sich sehr viele Möglichkeiten, durch Blumen Liebe und Verehrung auszudrücken. Der Ehemann bringt zu diesem Anlaß die Lieblingsblumen seiner Frau mit nach Hause. Das können rote Rosen, Nelken, eine Strelitzie oder Orchidee oder auch ein kleines Veilchensträußchen oder ein Strauß Vergißmeinnicht sein. Je nach der Jahreszeit wird man auf das entsprechende Blumenangebot zurückgreifen müssen, unabhängig von der Anzahl der Blumen. Eine schöne Geste ist es, die gleichen Blumen zu kaufen, die einst im Brautstrauß waren. Neben Schnittblumen erfreuen sich insbesondere bei älteren Eheleuten blühende Topfpflanzen und Grünpflanzen großer Beliebtheit. Das kann die bekannte Azalee oder ein Gummibaum sein, man sollte aber auch einmal eine seltene Zimmerpflanze kaufen, die nicht zum üblichen Standardsortiment gehört. Die Freude über eine vielleicht noch nie gesehene Pflanze ist sicherlich sehr groß, es wird Interesse geweckt für ihren Namen, die Pflege und eventuelle Vermehrungsmöglichkeiten.

Hochzeitstag

Es ist eine schöne Sitte, einen Jahrestag würdig mit Blumen zu begehen. Geschäfts-, Berufsjubiläen, bestimmten Abschnitten der Weiterentwicklung und ähnlichen Anlässen kann mit Blumensträußen, Blumenkörben oder Pflanzschalen ein würdiger Rahmen verliehen werden. Der Blumenschmuck wird sich dabei meist nach den Beziehungen zwischen Schenkendem und Beschenktem richten. Gleichzeitig spielt bei der Auswahl der Pflanzen aber auch das Verhältnis des Schenkenden zur Blume eine Rolle.

Jubiläum

Dem Jahrestag und dem Anlaß entsprechend verwendet man die Blumen der Saison und überreicht sie in passender Form und in würdigem Rahmen.

Ehrentage

Internationaler Frauentag

Zum Internationalen Frauentag (8. März) z. B. werden es vorwiegend Frühjahrsblüher und blühende Pflanzschalen sein, die vom Betrieb, von den Kindern und vom Mann der Kollegin, der Mutter und der Frau, meist zusammen mit einer kleinen anderen Aufmerksamkeit, als Dank und Anerkennung überreicht werden. An diesem Tag ist der Bedarf an Blumen sehr groß, und so genügt ein kleines Sträußchen.

Internationaler Tag des Kindes

Zum Internationalen Tag des Kindes (1. Juni) sind, wie beim Kindergeburtstag, kleine lustige bunte Blumensträuße zweckmäßig.

Tag des Lehrers

Am Tag des Lehrers (12. Juni) müssen es nicht unbedingt Nelken, Rosen oder Orchideen sein, die der Lehrer von seinen Schülern als Zeichen ihrer Verehrung erhält. Auch ein selbstgepflückter Wiesenblumenstrauß oder ein geschmackvoll zusammengestellter Strauß aus dem Garten mit bunten Sommerblumen oder Blütenstauden können viel Freude bringen und zeigen dem Lehrer, daß seine Schüler an ihn denken.

Ostern

Ostern – das Fest des Frühlings, der wiedererwachten Natur, wird mit den schönen goldgelben Osterglocken, mit bunt bemalten Ostereiern und oft auch mit dem Osterhasen gefeiert. Geeignete Blumen sind weiterhin Kronennarzissen, Tausendschön, Märzbecher, Traubenhyazinthen, Veilchen und Blütenzweige von Frühjahrsblühern. Mit diesen Blumen werden die Osternester und der Frühstückstisch geschmückt.

Weihnachten

In der Vorweihnachts- und Weihnachtszeit sind neben den traditionellen Adventskränzen weihnachtliche Binde- und Steckarbeiten der charakteristische Schmuck in den Wohnungen.

Steckarbeiten

Steckarbeiten mit ihren freieren Gestaltungsmöglichkeiten werden von vielen Menschen bevorzugt, weil sie sich in Form, Größe und Freizügigkeit besser unserer Umgebung anpassen lassen als der herkömmliche Kranz mit seinen vier Kerzen. Sie können aus Zweigen der verschiedensten Nadelgehölze, aus Zapfen, Baumschwämmen, Fruchtzweigen und knorrigen Wurzelstücken hergestellt werden. Auch durch Schnittblumen lassen sich weihnachtliche Bindearbeiten beleben. Leicht herzustellen sind auch die Apfelpyramide oder die Weihnachtspyramide. Zu Einladungen, Festen und anderen Anlässen in der Weihnachtszeit können solche Binde- oder Steckarbeiten – oft in Verbindung mit einem kleinen Geschenk – dem Gastgeber überreicht werden. Neben dem traditionellen Weihnachtsbaumschmuck aus Glaskugeln und Lametta werden seit einigen Jahren kleine Bindearbeiten aus Naturmaterial (Koniferenzapfen, Trockenblumen, Ziergräser, getrocknete Fruchtstände u. a.) in unterschiedlichen Formen angefertigt. Sparsam mit Textilschmuck, mit Schnitz- oder Flechtarbeiten garniert, bilden sie einen natürlichen Schmuck unseres Weihnachtsbaumes.

Weihnachtspyramide

Bindearbeiten aus Naturmaterial

Blumen sind für Kranke stets eine willkommene Abwechslung, sie bringen Farbigkeit und Frische in die oft beklemmende Atmosphäre der Krankenzimmer, in Kliniken und Sanatorien. Blumen helfen, eine freundliche Stimmung zu verbreiten und erleichtern außerdem den Kontakt des Besuchers zum Kranken. Zu bedenken ist jedoch, daß stark duftende Blumen, wie Flieder, Nelken, Maiglöckchen usw., nicht ins Krankenzimmer gehören. Der Kranke ist empfindlich, und es können sich Kopfschmerzen einstellen, wenn stark duftende Blüten Tag und Nacht ihren Duft ausströmen. Ebenfalls unzweckmäßig sind riesige Sträuße, große Blumenarrangements oder Bindearbeiten, die viel Platz brauchen. Angebracht sind zarte, formschöne, leuchtende Blumen. Dabei sollte man aber weiße und rote Farben vermeiden (Weiß wirkt zu fade und nichtssagend, Rot erregt und kann zu aufdringlich auf kranke Menschen wirken).

Blumen für Kranke

Oft ist es praktisch, die Blumen gleich mit einer passenden Vase zu überreichen. Auch eine kleine Steckschale ist ein aparter Schmuck für den Platz neben dem Krankenbett. Immer wieder wird der Blick auf die Anordnung von Blüten, Blättern und Gräsern gelenkt.

Bei der Rückkehr des Genesenden aus dem Krankenhaus sollte ihn ein Strauß bunter Blumen erwarten.

Aber selbst der schönste Blumenstrauß, den man im Krankenhaus bekam, sollte bei der Entlassung nicht mit nach Hause genommen, sondern mit freundlichen Dankesworten der Krankenschwester überlassen werden.

Geschenke in Verbindung mit Blumen

Zum richtigen Schenken gehört nicht nur das Wissen um die Wünsche des anderen. Erst wenn zarte Blüten die Geschenke begleiten, werden sie zu persönlichen und schönen Dingen. Wir sollten von Herzen gern schenken und mit dankbarem Herzen empfangen. Dabei kommt es gar nicht so sehr darauf an, welchen materiellen Wert das Geschenk hat, sondern auf das Wie. Blumen sind dabei immer willkommen. Sie helfen beim individuellen Herrichten des Geschenkes, bei dem wir unseren Humor und unsere Fantasie entfalten können. Auch das Alltägliche kann mit Blumen reizvoll und interessant wirken. Selbst ein nützlicher Haushaltsgegenstand läßt sich durch bunte Blumen in ein hübsches Geschenk verwandeln. Eine Handtasche oder ein Paar Schuhe müssen nicht immer original verpackt in einem Karton liegen. Mit ausgesuchten Blüten vereint, geschickt am Geschenk befestigt, können sie Geschmack, Humor, Talent und Aufmerksamkeit verraten. Anspruchsvolle und kostbare Geschenke, wie wertvolle Bücher oder Kunstgegenstände, wirken besonders ansprechend, wenn sie mit einem farbigen Seidenband verschnürt werden, in dem ein kleines Blumengebinde steckt. Wichtig dabei ist, daß das Geschenk vorher wasserundurchlässig (mit Cellophanpapier) verpackt wird.

Blumen zu Einladungen

In der Regel folgt man selten einer Einladung, ohne Blumen mitzubringen. Daß es dabei nicht erst ein Geburtstag, ein Jubiläum oder eine Verlobung sein muß, sondern daß diese schöne Geste auch bei einem einfachen Besuch erfolgt, sollte zur Selbstverständlichkeit werden. Auch hier gilt wieder, daß der Strauß dem Charakter der Einladung, der Beziehung zum Gastgeber und möglichst seinem Geschmack entsprechen soll.

In diesem Zusammenhang noch eine kleine Anregung für eine Möglichkeit, Einladungen bzw. Feste durch Blumen ein bißchen abwechslungsreich zu gestalten. So kann beispielsweise jeder ankommende Gast ein kleines Sträußchen überreicht bekommen, oder die Gäste entnehmen, Damen und Herren getrennt, aus einem Korb je einen Strauß. Damit wird schon die Sitzordnung angeordnet, und die Iris- oder Dahlien-Dame gehört als Tischdame zum Iris- oder Dahlien-Herrn.

Blumen als Tischschmuck und zu anderen Gelegenheiten

Bunter Blütenschmuck
zaubert mit zarter Anmut
Freude ins Zimmer.
Nach Kyokusui (um 1700)

Tischschmuck

Zu einer festlich gedeckten Tafel gehören Blumen, aber auch im Alltagsleben sollten Blumen den Tisch schmükken. Bekanntlich „ißt das Auge mit“, das heißt, daß zu unserem kultivierten Leben nicht nur appetitlich angerichtete und dekorierte Speisen in geschmackvollem Geschirr gehören, sondern daß die Genüsse von Tisch und Tafel erst durch passenden Blumenschmuck die entsprechende Atmosphäre erhalten.

Frühstückstisch

Nachmittagskaffeetisch

Für den einfachen Frühstückstisch oder den Nachmittagskaffeetisch genügt meistens eine kleine Vase, die mit ein paar farbenfreudigen Blumen zum einfarbigen Porzellan bzw. einfarbigen Blüten zum buntgemusterten Geschirr gefüllt ist. Man kann auch einige Einzelblüten neben das Gedeck legen. Blütenstiele dazu gut abtrocknen, damit sie keine Flecke hinterlassen.

Festliche Tafel

Zum Schmücken einer festlichen Tafel sind Schalen und längliche Behälter gut geeignet, in denen die Blumen flach gesteckt sind, so daß sie die Tischgäste nicht in ihrer Sicht behindern. Meistens geraten Tischarrangements zu hoch; gegenübersitzende Gäste müssen sich stets sehen können. Man kann als Mittelpunkt eine kunstvolle und prächtige Blumendekoration wählen (z. B. rote und gelbe Nelken, gelbe Freesien und Rosen) asymmetrisch länglich auslaufend gesteckt, Frühlings- oder Sommerblumen und zusätzlich kleine Dekorationen oder Einzelblüten (mit Blatt) über die Tafel verteilen. Häufig findet man mehrere Blumenarrangements auf verschiedene Punkte der Tafel verteilt oder an den beiden äußeren Enden. Interessant ist auch eine asymmetrische Anordnung etwa am Kopf der Tafel.

Blumenstilleben von Ambrosius Bosschaert
(1573–1645)

Für Tischdekorationen sind fast alle Blumen – außer großblumigen und stark duftenden – geeignet. Beliebt sind rote und rosa Nelken, auch kurzstielige gelbe oder rötlich-gelbe Rosen, weiterhin Freesien, Pompondahlien und kleine Chrysanthemen sowie Beeren und Ranken. Auch seltene und kostbare Blumen wie Orchideen werden für festliche Tafeln verwendet.

Blumen als dekoratives Beiwerk

Bei jedem Tischschmuck muß dafür Sorge getragen werden, daß die Blüten und das Beiwerk nicht das Geschirr „überwuchern". Nicht die Menge der Blumen erzeugt einen gepflegten und kulturvollen Eindruck. Die Blumen sollen als dekoratives und als angenehm empfundenes Beiwerk dienen. Auf keinen Fall darf die Bewegungsfreiheit am Tisch eingeschränkt werden. Blumenschmuck – Geschirr – Einrichtung müssen in Farbe und Form harmonieren.

Blumenanstecker

Blumen als lebende Schmuckstücke können eine Frau genauso in den Mittelpunkt stellen wie Juwelen. Aber leider sieht man die Blume am Kleid oder im Haar der Dame und im Knopfloch des Herrn noch recht selten. Etwa deshalb, weil die frische Blume schneller welkt? Das dürfte kein Hinterungsgrund sein, zum Theaterbesuch, zum Ball oder zu einer Einladung einen Blumenanstecker zu verwenden. Auch der Herr sollte seine Scheu oder Zurückhaltung vor der Blume im Knopfloch ablegen! Er wirkt durchaus nicht „unseriös", wenn er zu festlichen Anlässen eine rote oder weiße Nelke oder eine andere edle Blüte im Knopfloch trägt.

Blumenschmuck im Haar

Der Blumenschmuck im Haar der Dame wird entweder den Schwerpunkt der Frisur betonen oder ihn angenehm kontrastieren. Für eine ganz strenge Frisur ist eine bizarre Blütenform (z. B. Orchidee) oder eine großköpfige und vielblättrige Blüte (Nelke oder Rose) geeignet. Bei einer lockeren und natürlich fallenden Haarfrisur wähle man schlichte Blumen wie Maiglöckchen, Wicken usw.

Ansteckblume am Kleid

Für die Ansteckblume am Kleid gibt es vielfältige Möglichkeiten. Je nach Gelegenheit, Schnitt, Farbe, Art und Länge des Kleides sowie unter Berücksichtigung der gesamten Gestalt der Trägerin können Blumenanstecker

am Ausschnitt, an der Schulter, am Gürtel des Kleides, am Rocksaum oder am Ärmelaufschlag befestigt werden. Ein einfacher Blumenanstecker besteht aus einer Blüte mit einem Blatt oder einer kleinen Ranke und eventuell mit einem zarten Band. Ein kostbarer und anspruchsvoller Blumenanstecker ist ein Schmuckgebinde für große Abendkleider und faltenreiche oder anderweitig effektvolle Kleider aus mehreren Blüten und Blattbeiwerk und gegebenenfalls Bändern, das durch feinen Draht in eine gewünschte Form gebunden wird.
Hier nun einige kurze Hinweise für Blumenanstecker:
Um Blumenanstecker natürlich erscheinen zu lassen, sind stets einige Blätter bzw. Blattgrün mitzuverarbeiten, Ziergrün speziell bei Blüten, deren Blätter dürftig (z. B. Nelken) oder auch zu massiv wirken (z. B. Maiglöckchen). Damit sich die Blüten länger frisch halten, wird die Schnittfläche vor dem Anstecken mit einem Tropfen Kerzenwachs verschlossen.
Schnitt, Material und Stil des Kleides sind entscheidend

– für die Form des Ansteckers
(einfacher Anstecker oder auffälliges, kostbares Gebinde),
– für den Ort des Ansteckers
(am Ausschnitt, auf der Schulter, am Gürtel, am Rock, am Ärmel oder im Haar) und
– für die Wahl der Blüten in Form und Farbe.

Ein großes Abendkleid macht einen kostbaren Blumenanstecker erforderlich (z. B. Orchidee, Anthurie o. ä.), ein unauffälligeres Abendkleid und ein schlichtes dunkles Kleid können wirkungsvoll mit weniger kostenaufwendigen Blüten, also einem einfacheren Blumenanstekker, verziert werden.
Eine zierliche Trägerin darf keine großen Blüten wählen, eine stattliche Person keine Filigranblüten, die unter Umständen an ihr dürftig und verloren wirken.

Farbkomposition

Bei der Farbkomposition Blumenanstecker – Kleid – Haarfarbe (!) ist auf ein Zusammenspiel der Farben zu achten. Farbgegensätze und -unstimmigkeiten wirken stillos und unpassend. Eine Dame mit tizianfarbenem Haar wird wohl kaum rote, rosa oder orangefarbene Blütenanstecker am Ausschnitt tragen, eine blonde Dame

mit zartem Teint wird schwerlich Effekt durch einen weißen Nelkenanstecker erzielen.
Zu nahezu allen Farbtönen – bis auf rote, orange bis gelbe – passen lila Cattleyen; braune und gelbe Orchideen passen zu allen Farben außer zu Rosa- und Blautönen; zu Pastellfarben passen rosa Nelken, Maiglöckchen, Freesien, Veilchen, zartfarbene Orchideenrispen usw.
Die Blume im Knopfloch des Herrn besteht oft aus einer roten oder weißen Nelke, wenn ein dunkler Anzug getragen wird. Zu einem helleren Anzug wählt man eine gelbe oder rotbraune Chrysantheme oder eine rote Rose.

Sträuße als Trauerschmuck

Zum ehrenden Gedenken und als letzte Ehrung wird für Gedenkfeiern und Beerdigungen der Trauerstrauß verwendet. Einen mittelgroßen und vorwiegend einseitig gebundenen Handstrauß werden wir zum ehrenden Gedenken an die letzte Ruhestätte legen. Bei einer Beerdigung nehmen die Hinterbliebenen einen Handstrauß, der in Form und Größe verschieden sein kann.

Grabstrauß

Der Grabstrauß tritt bei Trauerfeierlichkeiten immer mehr in den Vordergrund, da er leichter als Kränze u. a. Formgebinde zu transportieren ist. Ein Grabstrauß wird auf eine Unterlage von Koniferengrün gebunden. Da dieser Strauß auf die Grabstelle gelegt wird, ist er einseitig und mehr oder weniger flach gebunden. Als Garnierung dienen die saisonbedingten Schnittblumen, in der kalten Jahreszeit außerdem Kunstblumen. Beliebt sind auch Trockenblumen. Die Blumen werden entweder beim Binden der Unterlage mit eingearbeitet oder nachträglich in die Unterlage mit Steckdraht aufgesteckt. Zum Totengedenken verwenden wir ebenfalls diesen Grabstrauß. Aus gleichem Anlaß können Formgebinde wie Kissen, Herzen, Kränze oder Grabdecken gekauft werden. Für Urnenstellen eignen sich auf Grund ihrer geringen Größe Kissen und Herzen sehr gut. Bei Erdbestattungen kann der geschlossene Sarg mit Blumen geschmückt werden. Geeignet dazu ist der einseitig gebundene Strauß aus langstieligen Blumen, Ranken und Band, der am Fußende des Sargdeckels aufgelegt wird.

Sargdecke

Eine weitere Möglichkeit besteht im Anfertigen einer Sargdecke. Auf einer Koniferenunterlage werden angedrahtete Schnittblumen so aufgesteckt, daß der Sargdeckel teilweise oder ganz schmückend bedeckt wird.

Gebundene Girlande

Kranz

Kleine Gestecke

Bei Urnenbeisetzungen wird die Urne mit einer gebundenen Girlande oder einem Kranz geschmückt. Man nimmt dafür kurzstielige Blumen, die mit Blattranken auf Draht befestigt werden. Beliebt sind auch kleine Gestecke in freier Gestaltung, die der Urnenform angepaßt sind. Auf einem Moospolster gearbeitet, schmücken Blumen und Blattranken die Urne.

Trockenblumenmaterial

Neben den frischen Schnittblumen wird seit einiger Zeit zunehmend Trockenblumenmaterial zum Schmücken unserer Räume verwendet. Unter Trockenblumen verstehen wir alle oberirdischen Pflanzenteile von Gewächsen, die im getrockneten Zustand lange haltbar sind und eine Schmuckwirkung ergeben. Das können Blüten sein, die papier- oder pergamentartige Blüten-, Kelch- oder Hochblätter besitzen, die also wenig Saft enthalten. Neben solchen Blüten sind es vor allem Fruchtstände, die im getrockneten Zustand ein willkommenes Material für dauerhafte Gestecke und Vasenfüllungen bieten. Auch bizarr gewachsene Zweige und mit Moos oder Flechten bestückte Triebe gehören dazu. Neben vielen bunten Sommerblumen ergeben vor allem Ziergräser (einjährig kultivierte oder ausdauernd wachsende), viele Blütenstauden und einige Blumenzwiebelarten und Ziergehölze Trockenblumenmaterial. Aus dem Gemüsegarten werden u. a. Paprikaschoten geerntet, getrocknet und verarbeitet.

Blüten

Fruchtstände

Zweige

Ziergräser

Trockenblumen werden auch Immortellen genannt. Dieses aus dem Französischen stammende Wort heißt soviel wie „die Unsterbliche", eine treffende Bezeichnung für dieses haltbare Material. Kleingärtner und Besitzer eines Wochenendgrundstückes können ihren jeweiligen Möglichkeiten entsprechend viele dieser Trockenblumen selbst kultivieren. Neben dem Anbau im eigenen Garten kann aber auch viel Trockenmaterial in Feld und Flur in der näheren Umgebung bzw. im Urlaub gesammelt werden.

Eine Auswahl an geeigneten Trockenblumen wurde in der Tabelle auf den Seiten 38 bis 41 zusammengefaßt. Sicherlich eignen sich noch weitere Pflanzenarten als Trockenblumenmaterial.

Tabelle 1

Trockenblumenmaterial von Blütenstauden, Ziergräsern, Sommerblumen, Zweijahrsblumen und Ziergehölzen

Name	Verwendete Pflanzenteile	Schnittzeitpunkt
BLÜTENSTAUDEN		
Artischocke (*Cynara scolymus*)	Blüten oder Früchte	kurz vor dem Aufblühen der Knospe oder voll erblüht schneiden
Astilbe (Astilbe-Arendsii-Hybriden)	Fruchtstände	sofort nach der Blüte
Edeldistel (*Eryngium*-Arten)	Blüten/Früchte	während der Vollblüte bzw. danach
Geißbart (*Aruncus dioicus*)	Fruchtstände	sofort nach der Blüte
Goldgarbe (*Achillea filipendulina*)	Blütenstände	während der Vollblüte
Goldrute (*Solidago*-Arten)	Blütenstände	während der Vollblüte
Heidekraut (*Calluna vulgaris*)	Blütenstände	knospig oder voll aufgeblüht schneiden
Karde, Weberkarde (*Dipsacus sativus*)	Fruchtstände	während der Vollblüte
Knöterich (*Polygonum affine*)	Blütenähren	während der Vollblüte
Königskerze (*Verbascum*-Arten)	Fruchtstände	sofort nach dem Verblühen
Kugeldistel (*Echinops ritro*)	Blütenstände	noch im Knospenstadium, bevor die oberste erste Einzelblüte aufgeht
Lampionblume (*Physalis alkekengi*)	Fruchtstände	wenn die rote Farbe ausgeprägt ist

Name	Verwendete Pflanzenteile	Schnittzeitpunkt
Orientalischer Mohn *(Papaver orientale)*	Fruchtstände	wenn die Früchte reif sind und die Samen beim Schütteln zu hören sind
Perlpfötchen, -körbchen *(Anaphalis triplinervis)*	Blüten	kurz vor der Blüte
Prachtscharte *(Liatris spicata)*	Blütenstände	wenn $^2/_3$ der Blüten in der Ähre aufgeblüht sind
Purpursonnenhut *(Echinacea purpurea)*	Blüten/Früchte	während der Blüte, anschließend die Zungenblüten herauszupfen und nur die dunkle Blütenmitte trocknen
Rohrkolben (*Typha*-Arten)	Fruchtstände	bevor sich die Fruchtkolben braun gefärbt haben, anschließend mit Haarspray besprühen
Schleierkraut *(Gypsophila paniculata)*	Blütenstände	während der Vollblüte
Silberdistel *(Carlina acaulis)*	Blütenstände	kurz vor der Vollblüte
Silberkerze (*Cimicifuga*-Arten)	Fruchtstände	bei Verblühen schneiden
Strandnelke *(Limonium vulgare, L. latifolium)*	Blütenstände	voll aufgeblüht schneiden
BLUMENZWIEBELN		
Blauzungenlauch *(Allium karataviense)*	Fruchtstände	wenn die Fruchtstände hellgrün werden
Sommerhyazinthe *(Galtonia candicans)*	Fruchtstände	wenn die Fruchtstände grün sind
Sternkugellauch *(Allium christophii)*	Fruchtstände	wenn $^1/_3$ der Einzelblüten verblüht sind
ZIERGRÄSER		
Federgras (*Stipa*-Arten)	Samen	sobald die Grannen sichtbar werden

Name	Verwendete Pflanzenteile	Schnittzeitpunkt
Hasenschwanzgras *(Lagurus ovatus)*	Fruchtstände	wenn die weichwolligen Köpfchen voll ausgebildet, aber noch nicht reif sind
Lampenputzergras *(Pennisetum compressum)*	Fruchtstände	vor der Reife der Samen
Morgensternsegge *(Carex grayi)*	Fruchtstände	wenn die Fruchtstände schwach braun werden
Pampasgras *(Cortaderia selloana)*		
Silberfahnengras *(Miscanthus sacchariflorus* 'Robustus')	Fruchtstände	in ausgereiftem Zustand
Silberfahnengras *(Miscanthus sinensis* 'Silberfeder')		
Wollgras *(Eriophorum*-Arten)	Blütenstände	sofort nach dem Aufblühen der flockigen Blüten
Zittergras *(Briza maxima)*	Blütenstände	wenn die typische Form erkennbar ist
SOMMERBLUMEN, ZWEIJAHRESBLUMEN		
Fingerhut *(Digitalis purpurea)*	Fruchtstände	in grünem Zustand
Jungfer im Grünen *(Nigella damascena)*	Früchte	in grünem Zustand oder später
Silberling *(Lunaria annua)*	Fruchtstände	in ausgereiftem Zustand
Sonnenflügel *(Helipterum roseum)*	Blüten	während der Blüte

Name	Verwendete Pflanzenteile	Schnittzeitpunkt
Strandnelke *(Limonium suworowii)*	Blüten	während der Blüte
Strohblume *(Helichrysum bracteatum)*	Blüten	bevor die Knospen aufbrechen

ZIERGEHÖLZE,
ZWEIGE MIT BLÜTEN ODER FRÜCHTEN

Bartblume *(Caryopteris clandonensis)*	Blütenrispen	kurz nach der Vollblüte
Feuerdorn *(Pyracantha coccinea)*	Fruchtzweige	wenn die Früchte voll ausgebildet sind
Hortensie *(Hydrangea-*Arten)	Blütenbälle	in ausgereiftem Zustand
Japanische Apfelrose *(Rosa rugosa)*	Fruchtzweige	wenn Früchte ausgereift sind
Korkenzieherhasel *(Corylus avellana* 'Contorta')	bizarre Zweige	das ganze Jahr über, belaubt oder unbelaubt
Korkenzieherweide *(Salix matsudana* 'Tortuosa')	bizarre Zweige	das ganze Jahr über, belaubt oder unbelaubt
Lavendel *(Lavandula angustifolia)*	Blütenstände	während der Blüte
Sanddorn *(Hippophaë rhamnoides)*	Fruchtzweige	wenn Früchte voll ausgebildet sind
Sommerflieder *(Buddleja davidii)*	Blütenrispen	kurz nach der Blüte
Tibet-Waldrebe *(Clematis tangutica)*	Fruchtstände	nach Ausbildung der federartigen Fruchtstände

Herbstaster (Aster novae-angliae 'Rosa Sieger')

Malayenblume (Phalaenopsis-Hybride)

Schnittrose 'Silberzauber'

Venusschuh (Paphiopedilum-Hybride)

Gartentulpe (Tulipa-Hybride)

Große Flamingoblume (Anthurium-Andreanum-Hybride)

Pfingstrose (Paeonia-Lactiflora-Hybride)

Gerbera (Gerbera jamesonii)

Taglilie (Hemerocallis-Hybride 'Maikönigin')

Paradiesvogelblume (Strelitzia reginae)

Bärenkamille (Ursinia anethoides)

Inkalilie (Alstroemeria-Ligtu-Hybride)

Ritterstern (Hippeastrum-Hybride)

Gelber Hängelauch (Allium luteum)

Schwertlilie (Iris ensata)

Zinnie (Zinnia elegans)

Prachtscharte (Liatris spicata)

Gelenkblume (Physostegia virginiana 'Bouquet Rose')

Schmuckdahlie (Dahlia-Hybride 'Enzett Cupra')

Kaktusdahlie (Dahlia-Hybride)

Lupine (Lupinus-Polyphyllus-Hybride)

Feuerlilie (Lilium bulbiferum)

Sommeraster (Callistephus chinensis)

Ringelblume (Calendula officinalis)

Blumenkalender

Es dämmert ganz still,
und tausend Blumen lächeln . . .
Iris . . . Azaleen . . .
Rosen . . . Nelken . . . Reseda . . .
träumende Schönheit ringsum.

Nach KI KA KU (um 1700)

Die Auswahl an Schnittblumen aus der Gewächshausproduktion, aus dem Freiland im eigenen Garten sowie durch das Treiben und Verfrühen von Blumenzwiebeln und Gehölzzweigen ist heute sehr groß und der Anbaustruktur entsprechend regional recht unterschiedlich. Durch gezielte Züchtungsarbeit und Terminisierung vieler Zierpflanzen ist das ganze Jahr über und besonders zu Bedarfsschwerpunkten ein reichhaltiges Angebot in hoher Qualität gesichert.
Aber auch der eigene Kleingarten oder der Wochenendgarten sollten verstärkt für den Anbau von bunten Sommerblumen und Schnittstauden genutzt werden. Neben den Blumen eignen sich für viele binderische und schmückende Zwecke Fruchtstände und Fruchtzweige, Gräserhalme, Blätter und Blattranken, bizarre Zweige u. a. pflanzliches Material, die frisch oder im getrockneten Zustand verwendet werden können. Nachfolgend sind die wichtigsten Schnittblumen aus dem Gewächshaus und aus dem Freiland aufgezählt.

Januar

Februar

Blumen aus dem Gewächshaus:

Alpenveilchen *(Cyclamen persicum)*, Calla *(Zantedeschia)*, Chrysanthemen, Edelnelke, Flamingoblume *(Anthurium)*, Freesien, Gerbera, Orchideen *(Cattleya, Cymbidium, Phalaenopsis, Paphiopedilum)*, Paradiesvogelblume *(Strelizia)*, Ritterstern *(Hippeastrum)*, Rosen, Weihnachtsstern *(Euphorbia pulcherrima)*.

Durch Treiben oder Verfrühen werden in der Blütezeit vorverlegt: Goldglöckchen *(Forsythia)*, Flieder *(Syringa)*, Maiglöckchen *(Convallaria)*, Narzissen, Tulpen.

März

April

Blumen aus dem Gewächshaus:

Calla *(Zantedeschia)*, Chrysanthemen, Edelnelke, Flamingoblume *(Anthurium)*, Freesien, Gerbera, Herzenskelch *(Eucharis)*, Orchideen *(Cattleya, Cymbidium, Phalaenopsis, Paphiopedilum)*, Paradiesvogelblume *(Strelitzia)*, Ritterstern *(Hippeastrum)*, Ruhmesblume *(Gloriosa)*, Rosen.

Durch Treiben oder Verfrühen können in der Blütezeit vorverlegt werden:

Gemswurz *(Doronicum)* Goldglöckchen *(Forsythia)*, Goldlack *(Cheiranthus cheiri)*, Flieder *(Syringa)*, Löwenmaul *(Antirrhinum)*, Maiglöckchen *(Convallaria)*, Mandelbäumchen *(Prunus triloba 'Multiplex')*, Narzissen, Schneeball *(Viburnum opulus* 'Roseum'), Tausendschön *(Bellis)*, Tulpen, Zierkirschen *(Prunus*-Arten).

Blumen aus dem Freiland:

Bergenie *(Bergenia)*, Gemswurz *(Doronicum)*, Goldglöckchen *(Forsythia)*, Japanische Zierquitte *(Chaenomeles japonica)*, Kätzchenweiden *(Salix*-Arten), Kornelkirsche *(Cornus mas)*, Narzissen, Tulpen, Zaubernuß *(Hamamelis)*.

Mai

Juni

Blumen aus dem Gewächshaus:

Calla *(Zantedeschia)*, Chrysanthemen, Edelnelke, Flamingoblume *(Anthurium)*, Gerbera, Inkalilie *(Alstroemeria)*, Orchideen *(Cattleya, Phalaenopsis, Paphiopedilum)*, Ruhmesblume *(Gloriosa)*, Rosen.

Blumen aus dem Freiland:

Akelei, Atlasblume *(Godetia)*, Bartnelke *(Dianthus barbatus)*, Bartschwertlilie (Iris-Barbata-Gruppen), Berberitze *(Berberis*-Arten), Duftwicke *(Lathyrus odoratus)*, Flieder *(Syringa)*, Flockenblume *(Centaurea)*, Ginster *(Genista*-Arten), Goldlack *(Cheiranthus)*, Goldlauch

(Allium moly), Japanische Zierquitte *(Chaenomeles japonica)*, Lilienschweif *(Eremurus)*, Löwenmaul *(Antirrhinum majus)*, Lupine, Marienglockenblume *(Campanula medium)*, Magnolie *(Magnolia)*, Pfingstrose, Maiglöckchen *(Convallaria majalis)*, Ringelblume *(Calendula officinalis)*, Rittersporn (einjährig), Schleierkraut *(Gypsophila)*, Spanischer Blaustern *(Scilla hispanica)*, Staudenaster *(Aster tongolensis)*, Taglilie *(Hemerocallis)*, Trollblume *(Trollius)*, Tulpen, Zierkirschen *(Prunus-*Arten).

Juli

August

Blumen aus dem Gewächshaus:

Chrysanthemen, Edelnelke, Flamingoblume *(Anthurium)*, Gerbera, Herzenskelch *(Eucharis)*, Inkalilie *(Alstroemeria)*, Orchideen *(Cattleya, Phalaenopsis, Paphiopedilum)*, Rosen.

Blumen aus dem Freiland:

Atlasblume *(Godetia)*, Dahlie, Duftwicke *(Lathyrus odoratus)*, Edeldistel *(Eryngium)*, Gladiole, Feinstrahl (Erigeron-Hybriden), Flammenblume (Plox-Hybriden), Fingerhut *(Digitalis purpurea)*, Gelenkblume *(Physostegia)*, Goldgarbe *(Achillea)*, Flockenblume *(Centaurea)*, Indianernessel *(Monarda)*, Jungfer im Grünen *(Nigella damascena)*, Kokardenblume *(Gaillardia)*, Kugeldistel *(Echinops ritro)*, Landnelke *(Dianthus caryophyllus)*, Lilien (Lilium-Hybriden), Löwenmaul *(Antirrhinum majus)*, Mädchenauge *(Coreopsis)*, Palmlilie *(Yucca)*, Prachtscharte *(Liatris)*, Riesenhyazinthe *(Galtonia candicans)*, Ringelblume *(Calendula officinalis)*, Rohrkolben *(Typha)*, Rosen, Samtblume *(Tagetes)*, Schleierkraut *(Gypsophila)*, Schmuckkörbchen *(Cosmos)*, Skabiose, Sommeraster *(Callistephus chinensis)*, Sonnenauge *(Heliopsis)*, Sonnenbraut *(Helenium)*, Staudenastern (Bergaster: *Aster amellus)*, Sterngladiole *(Acidanthera bicolor)*, Sternkugellauch *(Allium christophii)*, Strandnelke *(Limonium)*, Strohblumen *(Helichrysum)*, Taglilie *(Hemerocallis)*, Wucherblume *(Chrysanthemum-*Arten), Zierlauch-Fruchtstände *(Allium-*Arten).

September

Oktober

Blumen aus dem Gewächshaus:

Alpenveilchen *(Cyclamen persicum),* Chrysanthemen, Edelnelke, Flamingoblume *(Anthurium),* Gerbera, Herzenskelch *(Eucharis),* Inkalilie *(Alstroemeria),* Orchideen *(Cattleya, Phalaenopsis, Paphiopedilum)* Nerine, Paradiesvogelblume *(Strelitzia),* Rosen, Weihnachtsstern *(Euphorbia pulcherrima).*

Blumen aus dem Freiland:

Atlasblume *(Godetia),* Bartblume *(Caryopteris clandonensis),* Dahlien, Edeldistel *(Eryngium),* Früchte und Fruchtstände von verschiedenen Blütenstauden, Sommerblumen und Ziergräsern (Lampionblume, Weberkarde, Silberdistel, Fingerhut, Jungfer im Grünen u. a.), Gelenkblume *(Physostegia),* Indianernessel *(Monarda),* Löwenmaul *(Antirrhinum),* Mädchenauge *(Coreopsis),* Montbretie *(Crocosmia),* Prachtscharte *(Liatris),* Rosen, Samtblume *(Tagetes),* Schleierkraut *(Gypsophila),* Skabiose *(Scabiosa),* Schmuckkörbchen *(Cosmos),* Sommeraster *(Callistephus chinensis),* Sonnenbraut *(Helenium),* Staudenastern (Kissenaster: Aster-Dumosus-Hybriden; Glattblatt- und Rauhblattastern: *Aster novi-belgii* und *Aster novae-angliae),* Wucherblume *(Chrysanthemum-*Arten), Zinnie, Zweige mit Früchten und Beeren (Berberitze, Feuerdorn, Sanddorn, Japanische Apfelrose u. a.).

November

Dezember

Blumen aus dem Gewächshaus:

Alpenveilchen *(Cyclamen persicum),* Calla *(Zantedeschia),* Chrysanthemen, Edelnelke, Flamingoblume *(Anthurium),* Freesien, Gerbera, Orchideen *(Cattleya, Cymbidium, Phalaenopsis, Paphiopedilum),* Nerine, Paradiesvogelblume *(Strelitzia),* Ritterstern *(Hippeastrum),* Rosen, Weihnachtsstern *(Euphorbia pulcherrima).*

Blühzeiten von Schnittblumen aus dem Gewächshaus

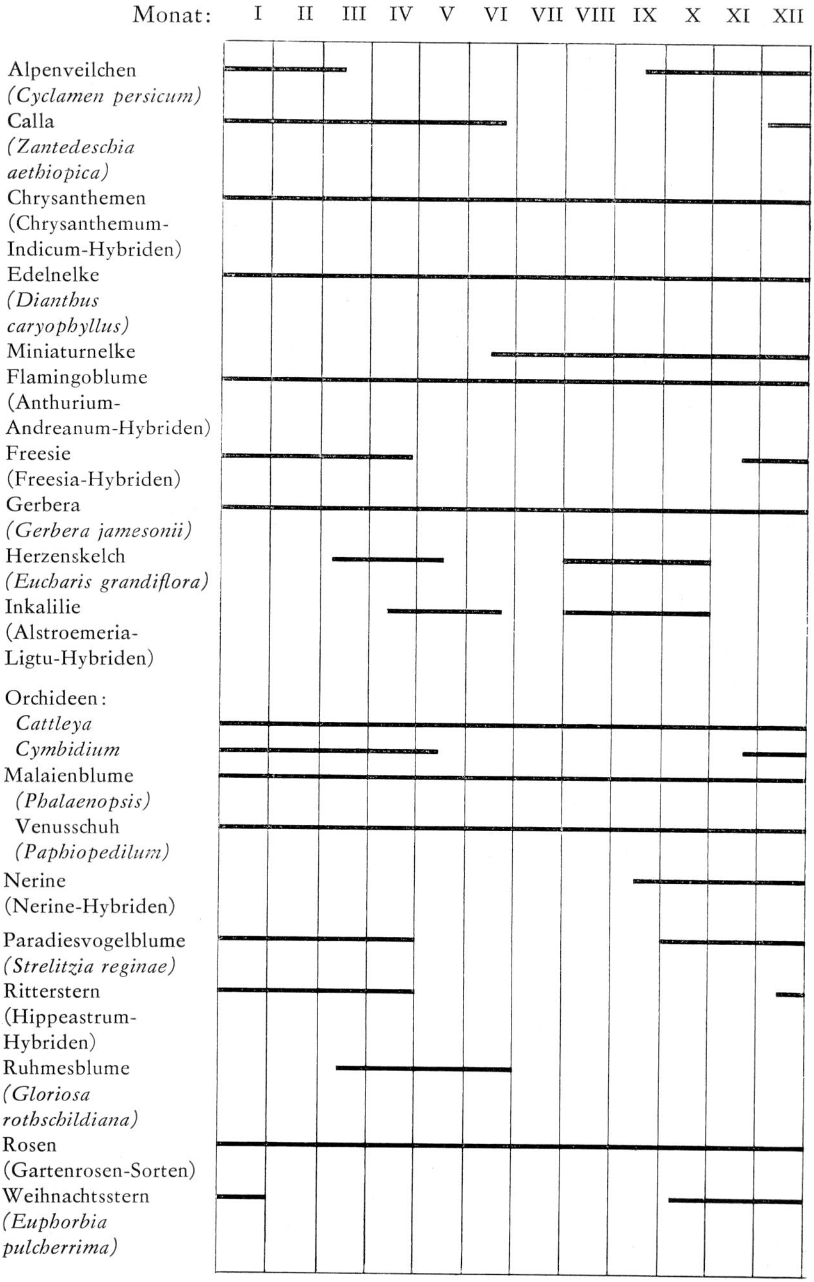

Blühzeiten wichtiger Schnittblumen aus dem Freiland

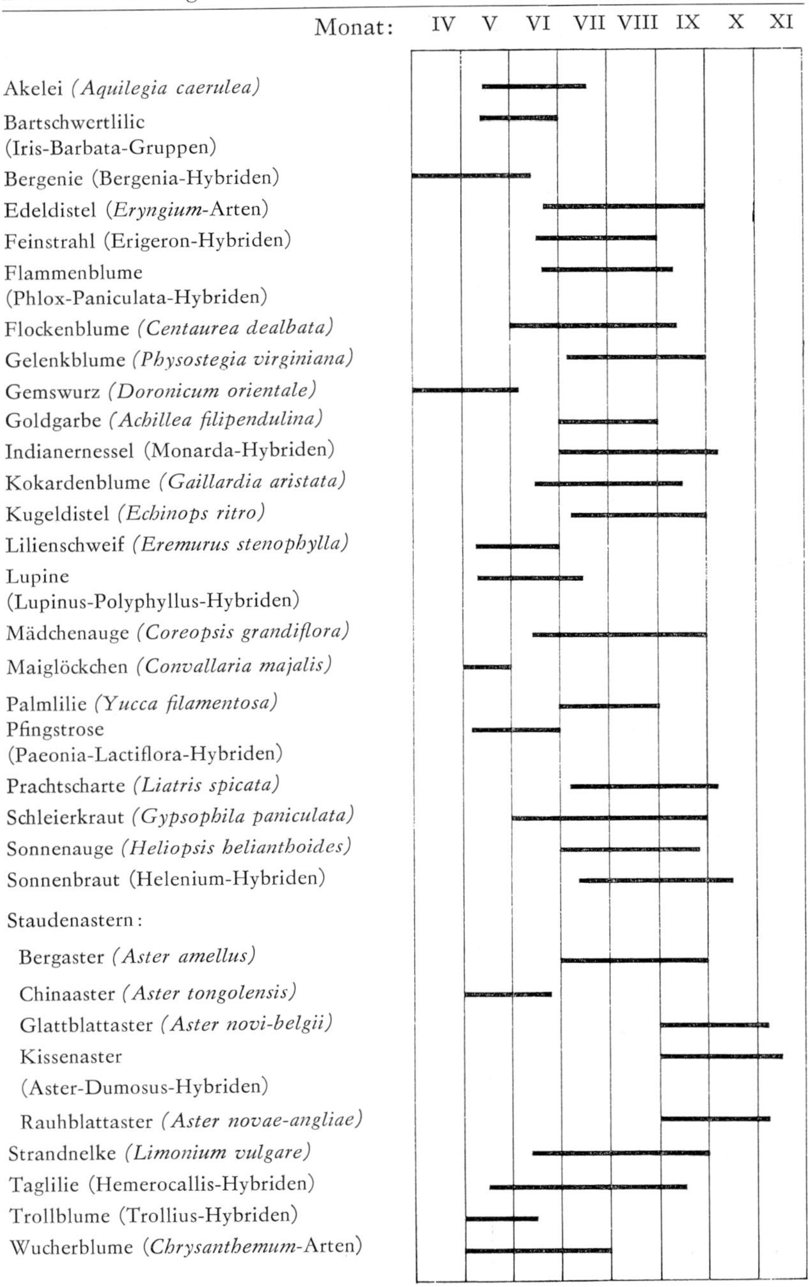

Blühzeiten ausgewählter Sommerblumen

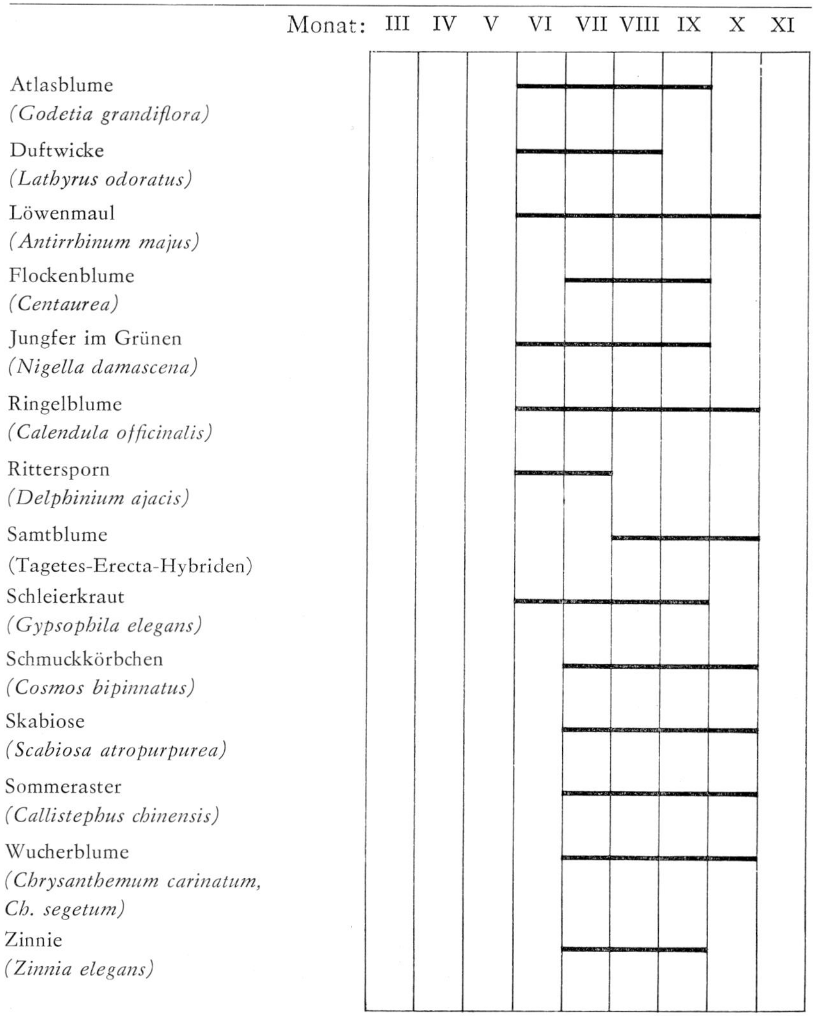

Blühzeiten von Zweijahresblumen

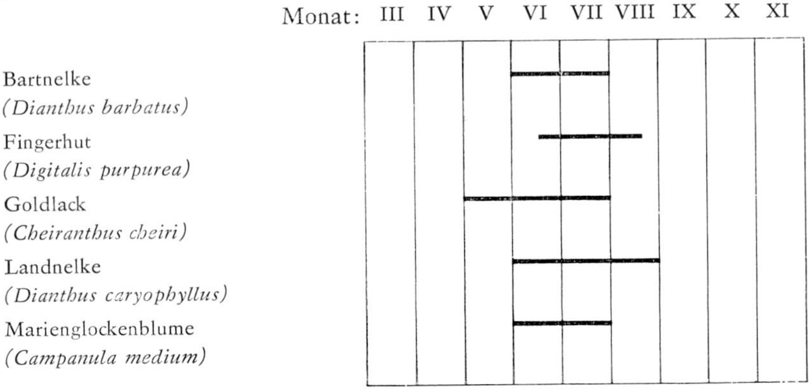

Blühzeiten von Blumenzwiebeln und -knollen

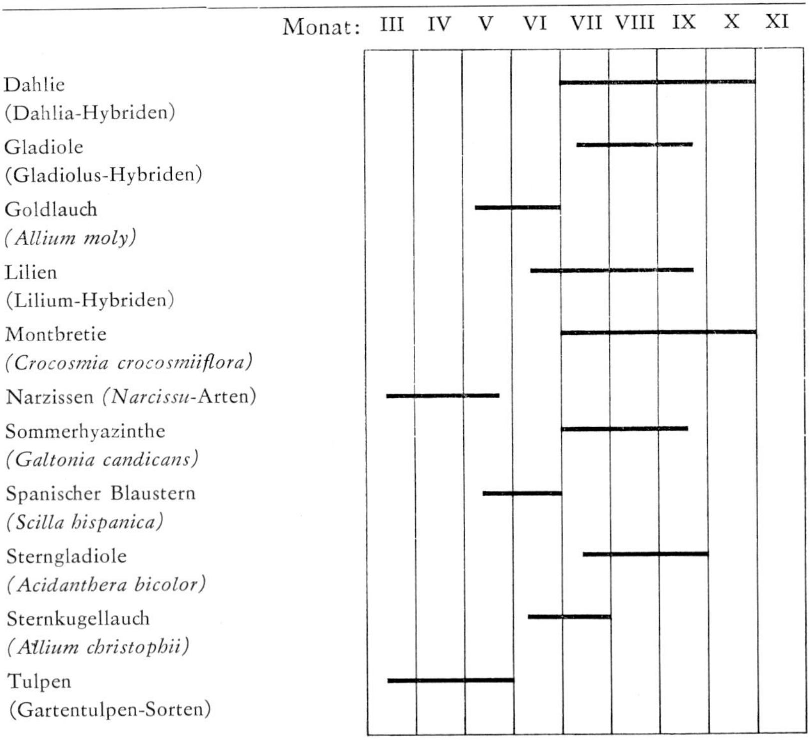

Blühende Zweige im Winter

Zu Weihnachten oder Silvester können wir mit blühenden Gehölzzweigen eine besondere Atmosphäre schaffen. Wir holen uns gewissermaßen den Frühling ins Haus.

Physiologische Grundlagen

Bekanntlich schließen unsere Laubgehölze im Herbst ihre Vegetationszeit ab, das Wachstum hat aufgehört, die grünen Laubblätter verfärben sich und fallen schließlich ab. Diese Gehölze beginnen mit ihrer Ruhezeit, die sich in drei Etappen gliedern läßt: in die Vorruhe, die Vollruhe und die Nachruhe. In den ersten beiden Etappen bilden sich neue Blütenanlagen in den Knospen. Das dauert ungefähr bis Anfang Dezember. Zu dieser Zeit sind Blütengehölze theoretisch in der Lage zu blühen. Im Freien wird aber durch die kalte Jahreszeit die Blütenentwicklung verhindert. Wichtig für eine Zweigtreiberei ist, daß die Blütenknospen Ende November/Anfang Dezember niedrigen Temperaturen (um 0 °C bis –4 °C) ausgesetzt sein müssen, damit sie sich öffnen. Werden beispielsweise Fliederzweige und Goldglöckchen *(Forsythia)* Ende November geschnitten und in einem Kühlraum bei etwa –4 °C einige Tage aufbewahrt und anschließend in einen warmen Raum (15 bis 18 °C) gestellt, so blühen die Knospen innerhalb von zwei Wochen auf. Diese Methode wird fast ausschließlich in der gärtnerischen Praxis angewendet und zeigt die Bedeutung der Winterkälte.

Für individuelle Verwendung schneiden wir vom 4. 12. (Barbaratag) bis Mitte Dezember Zweige von Goldglöckchen *(Forsythia)*, Echtem Jasmin *(Jasminum nudiflorum)*, Japanischer Schneekirsche *(Prunus subhirtella* 'Autumnalis') oder von der Rosenforsythie *(Abeliophyllum distichum)* und treiben sie an. Nur diese Sträucher eignen sich zur Treiberei für Weihnachten und Silvester.

Verwendet werden Zweige von gut kultivierten Sträuchern, die mit Blütenknospen reich besetzt sind. Werden Zweige bei Frostwetter geschnitten, so müssen sie in einem kalten Raum (Schuppen oder Keller) im Wasser

Hohe Luftfeuchtigkeit

Konstante Wärme

Tägliches Übersprühen

stehend zuerst auftauen. Anschließend kommen die Zweige in einen warmen Raum bei etwa 20 bis 25 °C Wärme. Hohe Luftfeuchtigkeit und gleichmäßige konstante Wärme (z. B. im Badezimmer) fördern das Aufbrechen der Blütenknospen. Günstig ist auch das tägliche Übersprühen der Zweige mit lauwarmem Wasser. In das Vasenwasser wird mit Beginn der Treiberei das Blumenfrischhaltemittel „Nelken-Zwetin" – 20 g auf 1 Liter Wasser – getan. Die Treibdauer beträgt 14 bis 18 Tage. Die Blüten halten sich 6 bis 10 Tage. Wollen wir das Aufbrechen der Blütenknospen beschleunigen, sind die Zweige für 10 bis 12 Stunden zugedeckt bei Temperaturen von 25 bis 30 °C in ein Wasserbad zu legen. Zum Bedecken eignet sich am besten Folie. Je nach dem Wärmeverlust ist warmes Wasser zuzugießen oder das Bad zu erneuern. Versuche haben ergeben, daß bei höheren Temperaturen die Badezeit verkürzt werden kann. Die Haltbarkeit der Blütenzweige leidet dann allerdings darunter. Bei Temperaturen von 45 °C braucht man die Zweige nur noch 3 bis 4 Stunden, bei 50 °C etwa 40 Minuten zu behandeln. Das Baden wirkt nur lokal, daher blühen aus dem Wasser herausragende Zweigstücke erst später auf. Auf diese Weise vorbehandelte Zweige blühen nach 5 bis 9 Tagen auf.

Warmwasserbad

Ab Januar treibfähig

Ab Januar können dann neben den bereits genannten Gehölzen noch folgende Arten angetrieben werden: Elfenbeinginster *(Cytisus praecox)*, Japanische Blütenkirschen *(Prunus glandulosa* 'Alboplena' und *P. serrulata* 'Kanzah'), Japanische Zierquitte (Chaenomeles-Hybriden), Kurilenkirsche *(Prunus kurilensis* 'Brillant'), Zaubernuß *(Hamamelis japonica* und *H. mollis)*, Zierliche Deutzie *(Deutzia gracilis)*.

Ab Februar treibfähig

Ab Februar ist die Palette der Ziergehölze noch größer. Neben den bereits erwähnten lassen sich außerdem folgende Blütengehölze treiben: Flieder *(Syringa*-Arten und -Sorten), Mandelbäumchen *(Prunus triloba* 'Multiplex'), Schneeball *(Viburnum opulus* 'Roseum'), Schneespiräe *(Spiraea arguta)*, Sauerkirsche *(Prunus cerasifera)*, Süßkirsche *(Prunus avium)*, Zierapfel *(Malus* 'Hillieri'), Zierjohannisbeere *(Ribes sanguineum)*.

Blühende Zweige für den Internationalen Frauentag (8. März) treiben wir 5 bis 7 Tage vorher an.

Von der Kunst, Blumen zu ordnen

Wir ordnen die Blumen unserer Sträuße
nach den Absichten und Neigungen,
die ihren Gestalten eingeboren sind,
und geben ihnen in Gefäßen von passender Formbildung
Rahmen wie einem Bilde.

Arnold Zweig

Man kann ein paar Schnittblumen im Blumengeschäft kaufen und sie im Wohnraum oder Büro in eine Vase stellen, so wie sie die Blumenbinderin zusammenband. Man kann aber auch ein kleines hübsches Arrangement aus Blumen kaufen und dieses an einen bevorzugten Platz im Zimmer aufstellen. Mit etwas Geduld und Ausdauer, mit Geschick und Interesse kann sich jeder selbst solche kleinen Blumenarrangements nach eigenem Geschmack anfertigen. Nach ein wenig Übung werden nicht nur viele Frauen bald kleine Kunstwerke aus Blumen fertigstellen können. Gestalten mit Blumen heißt sinnvolles Ordnen und Verarbeiten von Blumen und anderen Pflanzenteilen. Dabei sollen die Blumen und das Gefäß eine harmonische Einheit bilden und die Schönheit der Einzelblüten in Form und Farbe zur Wirkung kommen. Mit Blumen kann man auf sehr unterschiedliche Weise verschiedene Gestaltungsvarianten herstellen: ein Blumenstrauß als Vasenfüllung, eine Steckarbeit auf einem flachen Gefäß, ein Wandschmuck aus Trockenblumen, ein florales Bild in einem Holzrahmen.

Blumenarrangement nach eigenem Geschmack

Gestaltungsvarianten

Neben formal-traditionellem Anordnen der Blumen im Strauß oder im Gesteck ist das wachstumsbetonte Gruppieren der Pflanzen ihrem natürlichen Wuchs entsprechend möglich und natürlich das freie Gestalten nach eigenen Vorstellungen.

Beim Ordnen von Blumen sind einige Grundsätze zu beachten. Hier spielen Farbharmonie und Symbolik der Pflanzen (s. S. 57) eine Rolle, die Linien und Formen

Grundsätze

der Blumen und Pflanzenteile, die Proportionen sowie die Kontrast- und Harmoniebildung. Nach Möglichkeit sollen sich Stengel, Halme und Schäfte mit aufrechtem Wuchs nicht kreuzen. Alle stachligen, spitzen oder scharfkantigen Pflanzenteile dürfen nicht nach außen weisen. Störend können auch harte Kurven und abgeschnittene Stielenden wirken, die steil nach oben ragen. Weiterhin sollen nicht größere Blütenbälle einander zugewandt oder nach unten gerichtet sein oder gar herabhängen. Bei floralen Bildern ergeben erst die linear gestalteten Flächen ein ansprechendes Arrangement. Hier können Stiele geknickt oder oben abgeschnitten sein.

Dreieckiges Linienspiel

Um ein dreieckiges Linienspiel in asymmetrischer Form zu erreichen, ist unter 12 Blumen eine ungerade Anzahl zu nehmen. Selbstverständlich kann man von diesem Grundsatz abweichen, wenn das Pflanzenmaterial dazu geeignet ist.

Lockere Füllungen

Lockere Füllungen wirken stets schöner als überfüllte und überladene. Gefäße für das Aufstellen an einer Wand werden einseitig gefüllt. Ist der Standort des Blumenschmuckes in der Mitte eines Tisches bzw. eines Raumes, dann wird die Füllung rund oder nach zwei Seiten ausladend gestaltet, damit alle Seiten einen guten Anblick bieten.

In Gestecken werden nicht alle Blumen gleich hoch gestellt, dies würde langweilig wirken. Sie dürfen aber auch nicht in eine ihnen fremde Form gepreßt werden.

Größenverhältnis nach dem sogenannten Goldenen Schnitt

Eine gefüllte Vase wirkt erst dann schön, wenn ein entsprechendes Größenverhältnis nach dem sogenannten Goldenen Schnitt eingehalten wird. So entsteht keineswegs ein guter Eindruck, wenn aus einer 40 cm hohen Vase die Blumen nur 30 cm herausragen. Im allgemeinen werden folgende Verhältnisse angestrebt:

Straußhöhe:	Vasenhöhe	= 5:3
Straußbreite:	Vasenbreite	= 5:3
Gesamthöhe:	Straußhöhe	= 8:5

Eine nach diesen Verhältniszahlen gefüllte Vase wirkt auf alle Fälle besser, als wenn der Goldene Schnitt nicht berücksichtigt wird. Beim Verwenden einer Schale sollte die längste Blüte zweimal die Länge oder den Durchmesser der Schale haben.

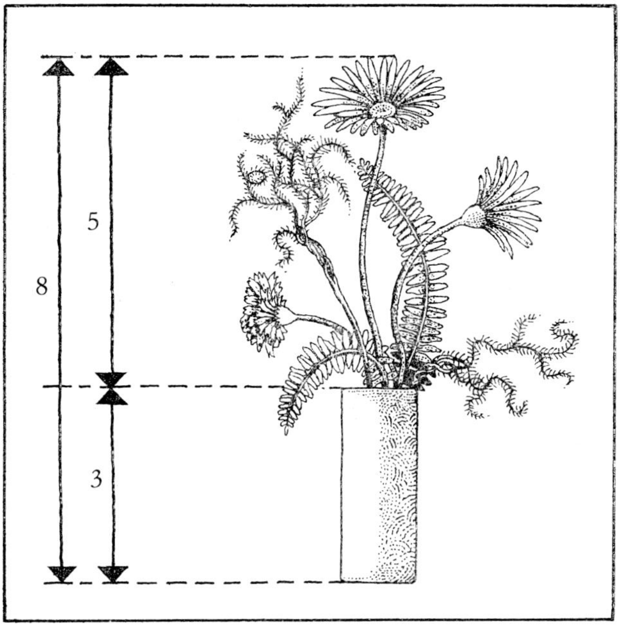

Der „Goldene Schnitt" bei einer Vasenfüllung

Bei jedem Arrangement ist es wichtig, die schweren und dunklen Farben von Blüten und Pflanzenteilen am Fuße des Gefäßes und die hellen Farbtöne, Knospen und lokkere Zweige in der Höhe zu verarbeiten. Massive und starke Blätter werden in der Nähe des Gefäßes angeordnet.

Kleine Farbenlehre

Der Einfluß der Farbe bei Blumenarrangements ist groß und für die Wirkung entscheidend. Aus diesem Grund erscheint es angebracht, einige Ausführungen über das zweckmäßige Anwenden der verschiedenen Blumenfarben zu machen.

Farbempfinden

Farben werden nicht nur rein optisch wahrgenommen, sondern zugleich emotional verarbeitet, d. h. sowohl das Auge als auch das Gefühl wird von der Farbwirkung angesprochen. Grundlage für das Farbempfinden sind die Lichtwellen (und zwar hat jede Farbe eine bestimmte Wellenlänge und damit eine bestimmte Schwingungszahl), die die Sinneszellen des Auges erregen, als Ner-

venerregung zum Zentralnervensystem weitergeleitet und mit anderen Organfunktionen verknüpft werden. Farben können daher bestimmte Gemütsbewegungen, wie Heiterkeit, Gleichmut, Beruhigung, aber auch Erregung oder ein Gefühl der Wärme oder Kälte hervorrufen.
Eine besondere Eigenschaft der Farben ist ihre Leuchtkraft, die nicht nur dem Farbton eine bestimmte Anziehungskraft verleiht, sondern im Menschen eben das Gefühl der Wärme oder der Kälte erzeugen kann. Alle

Helle Farben

hellen Farben sind im allgemeinen warm, wirken leicht und erscheinen dem menschlichen Auge besonders nah.

Dunkle Farben

Dunkle Farben dagegen strahlen Kälte aus, sind schwer und fern. Die stärkste Leuchtkraft haben Gelb bis Rot und die geringste Violett bis Grün. Bei der farblichen Gestaltung eines Blumenschmucks ist deshalb darauf zu achten, daß meist helle Farben (→ nah erscheinende Farben) als Oberton und dunkle Farben (→ kalte, zurückweichende Farben) als Unterton benutzt werden. Helle Farben stehen also vor oder über den dunklen, leichte vor den schweren, warme vor den kalten Farben. Bei der Gruppierung ist weiter darauf zu achten, daß helle, vorspringende Farben die Hauptgruppe oder den Blickpunkt und die schweren, fernen Farben Nebengruppen bilden. Nun noch einige Worte zur Farbendeutung und Farbsymbolik bzw. zu den Stimmungswerten der Farben.

Als Stimmungswerte der Farben wurden auf Grund wissenschaftlicher Erkenntnisse folgende Reaktionen ermittelt:

Stimmungswerte der Farben

Gelb = warm, hell, sonnig, lebhaft, heiter und leicht; grünliches Gelb wirkt leicht giftig, schweflig und hart (symbolische Deutung: Leben, Licht, Lust, Pracht, Ehe, Ehrung des Alters; in grellem Ton aber Neid, Eigenwille, Haß, Falschheit)

Orange = warm, festlich, anmutig, energievoll, Freude auslösend; starke Farbwirkung (symbolische Deutung: Wärme, Sonne, Macht, Freude, Eitelkeit)

Rot = wirkungsreichste und aktivste Farbe, die sich schwer unterordnet; helles Rot erregend, temperamentvoll, vorspringend; dunkles Rot ernst und würdig (symbolische Deutung: Leben, Blut, Liebe, Leidenschaft, Freiheit, Revolution, Feuer, Festlichkeit)

Violett = hell, aber auch düster, feierlich wie prächtig; farbenverbindend; in großer Fläche kann die Farbe eine negative Wirkung auslösen (symbolische Deutung: Erhabenheit, Würde, Pracht, Prunk, Freundschaft)

Blau = still, schwer, ernst, zurückweisend, kalt, aber energievoll, lichtes Blau wirkt klar, rein, fast heiter (symbolische Deutung: Unendlichkeit, Weite, Sehnsucht, Treue, Vertrauen)

Grün = verbindend, beruhigend, friedlich, passiv; helles Grün heiter, lustig, dunkles Grün kühl, zurückhaltend; besonders gegenüber Gelb, Orange und Rot tritt Grün zurück, gegenüber Blau vor (symbolische Deutung: Hoffnung, Ruhe, Frieden, Fruchtbarkeit, Sehnsucht)

Weiß = neutrale Farbe, starke Kontrastwirkung neben dunklen Farben, bringt Helle und Heiterkeit in die Buntfarben, wirkt vergrößernd (symbolische Deutung: Unschuld, Keuschheit, Reinlichkeit)

Schwarz = neutrale Farbe, wirkt verkleinernd, verstärkt die Wirkung von Gelb und Rot, wenn Schwarz den Hintergrund und Untergrund bildet (symbolische Deutung: Trauer, ernste Feierlichkeit)

Primärfarben des Spektrums

Ausgehend von den 6 Primärfarben des Spektrums – Rot, Orange, Gelb, Grün, Blau, Violett – wurden verschiedene Farbsysteme entwickelt, die das komplizierte Gebiet der Farbentheorie erschließen und das Gestalten mit Farben erleichtern. Nach dem in der DDR geltenden Farbsystem nach TGL 21 579 sind Farbkarten mit einer zehnstufigen Graureihe und dem 24teiligen Farbtonkreis die Grundlage für das Gestalten mit Farben. In der Farbenlehre unterscheiden wir achromatische (unbunte) Farben und chromatische (bunte) Farben. Zu den achromatischen (unbunten) Farben zählen Weiß und Schwarz mit allen dazwischenliegenden Grautönen, die sich aus der jeweiligen Mischung von Weiß und Schwarz ergeben. Die nach beiden Seiten begrenzte, vom Hell (Weiß) zum Dunkel (Schwarz) ansteigende Tonstufe wird als Grauleiter bezeichnet und dient zum Aufhellen bzw. Ab-

Achromatische (unbunte) Farben

dunkeln (je nach ihrem Weiß- oder Schwarzanteil) der bunten Farben. Unbunte Farben lassen sich selbst nicht in andere Farben verwandeln, sondern lediglich im Ton aufhellen oder verdunkeln. Zu den chromatischen (bunten) Farben zählen alle Primär- oder Grundfarben des Spektrums sowie alle sich aus deren Mischung ergebenden Farbtöne, wie sie im Farbkreis zum Ausdruck kommen.

Chromatische (bunte) Farben

24teiliger Farbtonkreis

Der 24teilige Farbtonkreis (Farbkreis) setzt sich aus den 6 Primärfarben und den entsprechenden Tonstufen zusammen. Diese Tonstufen entstehen aus der Mischung der Primärfarben mit jeweils zwei benachbarten Farben. Der Farbkreis als Ordnung der Farben ist der Schlüssel für ein Zusammenfügen von verschiedenen Farben nach den Gesetzen von der Harmonie der Farben.

Grundfarben

Zwischen- und Gegenfarben

Aus dem Farbkreis, dessen Farbtöne von N1 bis N24 numeriert sind, lassen sich sowohl die Grundfarben als auch die Zwischen- und Gegenfarben und die verschiedenen Farbklänge (Farbharmonien) ermitteln.

Farbharmonien

Die sich im Farbkreis gegenüberstehenden Farben werden als Gegenfarben (Ergänzungs- oder Komplementärfarben) bezeichnet. Zwei solche sich gegenüberliegenden Farben bilden einen Zweiklang: sie sind kontrastierende Harmonien.

Zweiklang

Beispiel:

N1 Zitronengelb — N13 Bläulichviolett
N8 Karminrot — N20 Smaragdgrün

Zu einem Farbdreiklang können folgende Farbtöne zusammengefügt werden:

Farbdreiklang

Beispiel:

N2 Mittelgelb — N10 Purpurviolett — N18 Türkisblau
N8 Karminrot — N16 Bremerblau — N24 Gelbgrün

Bei allen Dreiklängen ist zu erkennen, daß eine der Farben stets im Grünbereich liegt. Hat man also eine Blume bzw. einige Blüten mit nur zwei Farbklängen, so kann man durch Hinzufügen von Grün einen Dreiklang erzielen. Beim Dreiklang muß eine Farbe vorherrschen, die beiden anderen Farben können gleichwertig sein.

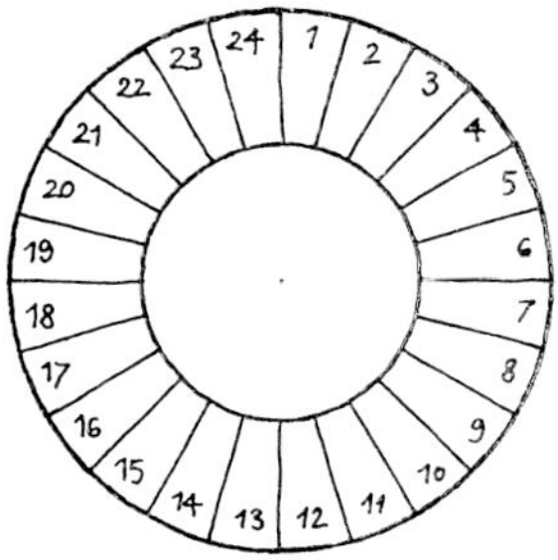

A

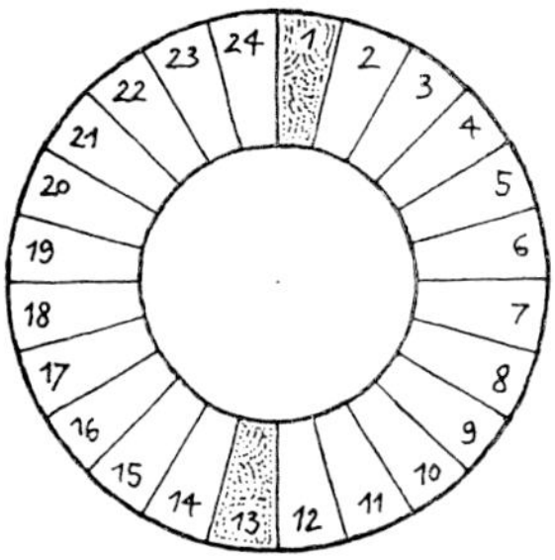

B

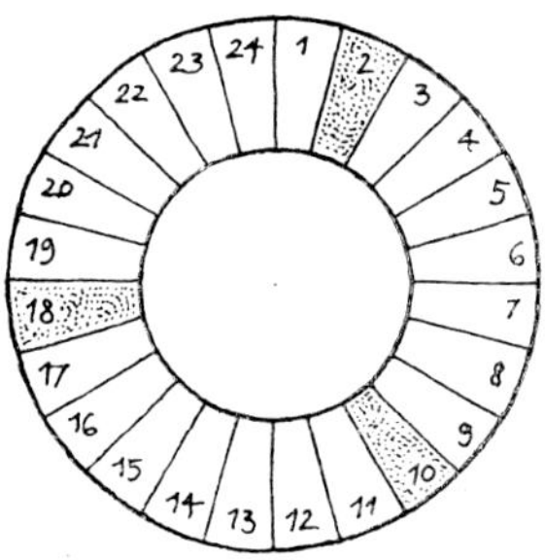

C

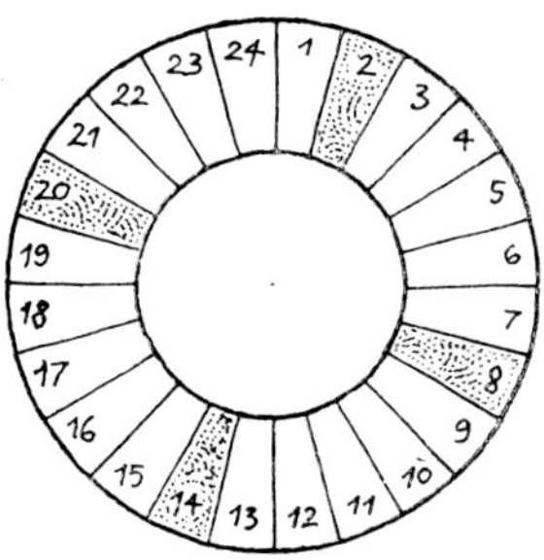

D

A:

24teiliger Farbtonkreis (Farbkreis)

N1 Zitronengelb
N2 Mittelgelb
N3 Goldgelb
N4 Gelborange
N5 Rotorange
N6 Zinnoberrot
N7 Mittelrot
N8 Karminrot
N9 Purpurrot
N10 Purpurviolett
N11 Violett
N12 Blauviolett
N13 Bläulichviolett
N14 Ultramarinblau
N15 Mittelblau
N16 Bremerblau
N17 Cyanblau
N18 Türkisblau
N19 Seegrün
N20 Smaragdgrün
N21 Bläulichgrün
N22 Mittelgrün
N23 Blattgrün
N24 Gelbgrün

B:

Farbzweiklang

C:

Farbdreiklang

D:

Farbvierklang

Vierklänge ergeben sich aus dem Zusammenwirken von zwei Gegenpaarfarben.

Beispiel:

Farbvierklang

N2 Mittelgelb — N14 Ultramarinblau
mit
N8 Karminrot — N20 Smaragdgrün.

Farbtongleiche Harmonien setzen sich aus der Tonabstufung einer Vollfarbe zusammen. Derartige Harmonien sind bei vielen Blüten (z. B. Rosen) zu finden. Die Abstufung entsteht durch eine regelmäßige Zunahme des Schwarzweiß- oder Grauanteils der Vollfarbe. Ein derartiger Gleichklang ist besonders bei größeren Dekorationen angebracht, da er nicht zu Disharmonien führt. Die Wirkung ist zart und ruhig.

Bei allen Farbkombinationen sollte eine Hauptfarbe dominieren, der die anderen Farben untergeordnet sind.

Wer sich erst wenig oder noch nicht mit dem Ordnen und Stecken von Blumen in Gefäßen befaßt hat, sollte mit nur einer Farbe beginnen und dann mit einfachen Farbkontrasten arbeiten. Je mehr Farben verwendet werden, um so komplizierter wird die ganze Angelegenheit. Auch hier gilt der Grundsatz: Übung macht den Meister.

Wir binden einen Strauß

Bei einem frischen Blumenstrauß erfreuen wir uns am Aufbrechen der Knospen, am Blühen und am Verblühen der Blumen. Der Strauß ist das am häufigsten verwendete Blumengeschenk. Er kann aus nur einer Blumenart (z. B. Nelken oder Rosen) und nur einer Farbe (z. B. Rot oder Gelb) bestehen oder auch aus mehreren Farben einer Schnittblumenart oder verschiedener Arten zusammengestellt werden. Beliebt sind heute bunte Sträuße, die rund gebunden sind und kleine einseitig gebundene Geschenksträuße, die zu jedem Anlaß und zu jeder Feier passen. Obwohl die meisten Sträuße in den Blumengeschäften von ausgebildeten Fachkräften angefertigt werden, wollen viele Gartenbesitzer selbst einen bunten Sommerblumenstrauß binden. Mit etwas Übung und Geduld ist das auch möglich. Zum Üben eignen sich besonders gut rauhhaarige und etwas weiche Stiele mit Blättern, z. B. Tulpen, Sommerastern, Rudbeckien, Ringelblumen und Zinnien. Nicht geeignet sind u. a. Narzissen, Freesien und Rosen.

Wichtig beim Straußbinden ist das spiralförmige Fassen und Anlegen der Blütenstiele. Wir beginnen mit zwei Blütenstielen, die zwischen Daumen und Zeigefinger in der linken Hand schräg übereinander gelegt werden. Der dritte Stiel wird in Gegenrichtung quirlförmig angelegt, damit ein Dreieck gebildet wird. Die weiteren Blüten werden in die entstehenden Hohlräume schraubenförmig eingefügt. Bei einem Rundstrauß ist auf eine gute symmetrische Form zu achten. Dazu ist es zweckmäßig, den Strauß beim Anlegen der Blüten in der Hand zu drehen. Durch Drehen der Stielenden mit der rechten Hand müssen oft die Blumen in die gewünschte Stellung gebracht werden. Beim Anlegen ist auch die Wuchsform der Schnittblumen zu beachten, denn diese Eigenbewegung ergibt im Strauß erst die notwendige Harmonie. Bei einem bunten Strauß achte man beim Anlegen der Stiele auf die Farben der Blüten, die entweder konzentriert in mehreren Tuffs oder in Reihen rings in einem runden Strauß angeordnet werden oder gleichmäßig im gesamten Strauß verteilt sind.

Rundstrauß

Bunter Strauß

Bei einem asymmetrischen Strauß beginnt man mit der attraktivsten und langstieligsten Blume und legt die anderen Stiele in einer entsprechenden Hoch- und Tiefstellung nach vorn hin abgestuft an. Dann wird der Strauß an der Bindestelle zusammengebunden. Das kurze Fadenende wird dazu in der linken Hand festgehalten und der Faden 2- bis 3mal mit der rechten Hand um die Bindestelle gewickelt. Anschließend werden die Stielenden nachgeschnitten.

Asymmetrischer Strauß

Wird der Strauß zusammengebunden in die Vase gestellt, so schneidet man die Stielenden in einer halbrunden Form an. Auf diese Weise steht der Strauß im Gefäß besser, als wenn er unten gerade abgeschnitten wurde. Den fertigen einseitig gebundenen Strauß muß man mit seiner „Rückseite“ auf den Tisch legen können. Den Abschluß eines rund gebundenen Straußes bilden Blätter, Bindegrün oder Tüll- bzw. Papierservietten. Der rund gebundene Strauß muß auf dem Tisch (ohne Vase) stehen können.

Der locker gebundene Rundstrauß wirkt am besten in kugeligen oder halbkugeligen Vasen. Aber auch eine gerade oder tropfenförmige Vase ist geeignet. Für einen dichten und kurzstieligen Biedermeierstrauß sollte man eine Kugelvase nehmen. Der einseitig gebundene Strauß gehört in ein Gefäß mit Becherform oder in eine nach oben ausschwingende Vase.

Wir füllen eine Vase

Die Blüten sollen in einer Vase locker angeordnet sein und dürfen nicht hineingepreßt werden. Für kleinere Vasen wird man die Blumen in der Hand wie zu einem Strauß zusammenfügen und dann in die Vase stellen.

Große Vase

Haltgebender Einsatz

Größere Vasen und solche mit weiten Öffnungen und ausladenden Füllungen erhalten einen Einsatz aus Piaflor-Steckmasse oder Moos, damit die Blumen einen guten Halt bekommen. Er wird der Länge des Vasenhalses angepaßt und so eingesetzt, daß er mit dem Vasenrand abschließt und noch locker genug ist, um genügend Blüten aufzunehmen. Dieser haltgebende Einsatz darf nicht straff in den Vasenhals gepreßt werden, sollte sich aber auch nicht beim Aufstecken der Blüten in den Vasenbauch drücken lassen. Auch Fichtenreisig ist dazu gut geeignet. Als zusätzliche Hilfe können eine Astgabel oder zwei Holzstäbe kreuzweise im Vasenhals befestigt werden. Diese Maßnahme ist besonders bei Bodenvasen erforderlich. Auch kleinmaschiger Draht, der leicht zusammengeknäult in die Vase gesteckt wird, eignet sich dafür. Da verzinkter Draht das Wasser nicht verschmutzt, kann er immer wieder genommen werden. Für Beerenzweige ist es nicht gut, wenn sie tief im Wasser stehen, weil die Beeren (Sanddorn, Hagebutten, Ebereschen, Schneebeeren) sich zu sehr mit Wasser vollsaugen und dadurch schneller faulen würden. Hier ist es angebracht, die Vase mit nassem Sand etwas zu füllen und den Sand bei Bedarf nachzufeuchten.

Gefäßform: Aufwärtsstrebend

Das Anordnen der Blüten in einer Vase richtet sich nach der Gefäßform. Eine schlanke, aufwärtsstrebende Vase verträgt keinesfalls eine runde, bauchige Füllung. Aufwärtsstrebend wie die Vase muß auch das Material angeordnet werden. Dabei kommt es auf einen guten Aufbau

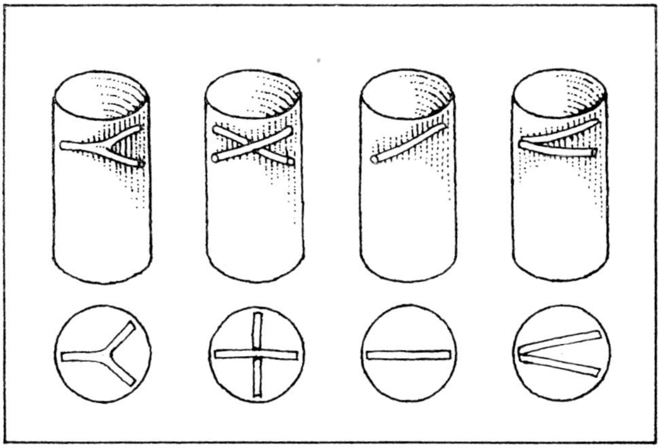

Große Vasenöffnungen erhalten Holzstäbe, damit die Blumen besser gesteckt werden können.

an. Die Mitte wird besonders durch eine leichte Unregelmäßigkeit in der Anordnung betont. Die Seiten sollten bei einer schlanken Füllung nicht sehr ausschwingen, die strenge Wirkung könnte dadurch verlorengehen, die gerade bei dieser Vasenform gewahrt bleiben soll. Hier ist es wichtig, eine gute Auswahl zu treffen und vorwiegend aufstrebende und geradstielige Blumen zu verwenden (Gladiolen, großblumige Chrysanthemen).

Rund

Anders verhält es sich mit einer runden Gefäßform. Die Gleichmäßigkeit des Gefäßes muß auch in der Gestaltung mit den Blumen zum Ausdruck kommen. Hier ist die Symmetrie vorherrschend. Das Gleichgewicht kann in einer ovalen oder runden Füllung ausgedrückt werden. Die äußeren Blüten sollen dabei etwas schwingen, um den Übergang zum Gefäß zu schaffen.

Asymmetrisch

Beliebt sind Vasen mit asymmetrischen Formen. Beim Anordnen der Blüten muß hier die Besonderheit der Form berücksichtigt werden. Symmetrie ist in diesem Fall nicht angebracht. Die Gestaltung kann sogar etwas ausgefallen sein. Das läßt sich z. B. mit bizarr gewachsenen Blüten- oder Beerenzweigen erreichen. Oft sind die Öffnungen asymmetrischer Vasen nicht sehr groß, so daß nicht mehr als drei Zweige verwendet werden können. Durch die Asymmetrie des Vasenhohlkörpers bietet es sich auch an, die Blumen locker in solchen Gefäßen zu ordnen. Für einzelne Gehölzzweige beispielsweise eignen sich besonders die nach oben enger werdenden Vasen.

Schlanke, weithalsige Form

Eine schlanke, weithalsige Vase ist gut geeignet für eine Füllung, bei der die Vorderseite großzügig ausgearbeitet und die Rückseite fast gleichmäßig abgeflacht wird. Form bzw. Linie der Vase sollte sich in der Füllung wiederholen. Für größere und längere Blumenstiele sind Vasen zu empfehlen, deren Rand nach außen geschweift ist, da dieser das Anordnen der Blüten begünstigt. Blüten mit steifen Stielen sehen in steilen Gefäßen mit enger Öffnung nicht gut aus. Für sie sind konische Formen besser geeignet, da sie das Schrägstellen der Stengel gestatten.

Gefäße aus Glas, Porzellan und Keramik

Es gibt Blüten, die nur allein richtig zur Geltung kommen (z. B. Orchideen, Anthurien). Andere wiederum wirken nur in Gruppen, in Tuffs oder in der Masse (z. B. Sommerastern, Blütenstauden, Wiesenblumen). Anspruchslose Blüten und Pflanzen gehören in einfache schlichte Gefäße, wertvolle und seltene Blumen verlangen edle besondere Gefäße. Eine edle Blüte braucht eine entsprechende Vase aus Glas oder weißem Porzellan, während z. B. der Sonnenblume ein grobes Keramikgefäß entspricht. Eine Cymbidiumrispe sieht in einem handgearbeiteten Gefäß viel besser als in einer als Massenartikel gefertigten Steingutvase aus.

Veilchen, Schneeglöckchen, Primeln, Tulpen, Maiblumen

Pflanzen mit hohem schlankem Wuchs soll man nicht in dickbauchige, gedrungene Gefäße stellen. Für kurzstielige Blüten (wie Veilchen, Schneeglöckchen, Primeln) darf die Vase nicht zu tief sein. Eine Vase in Schalenform ist dafür gut geeignet. Tulpen wollen eine bauchige und die Rosen eine schlanke Vase. Für Maiblumen wird man eine Kugelvase wählen, langstielige Nelken gehören nicht in eine Veilchenvase.

Orchideen

Schön und dekorativ sind Rauchgläser, von denen es verschiedene Formen gibt. Für Orchideen passen die schmalen und langgestreckten, aber auch die runder geblasenen sind für einzelne und nicht zu schwere Blüten geeignet. Je feiner und kostbarer der Inhalt, um so zarter und zierlicher muß auch die Vase sein.

Lilien, Nelken

Zu hohen Kristallvasen gehören dagegen schwere und kostbare Blüten. Lilien verlangen starre Vasenformen, für Nelken nimmt man bauchige und runde Vasen. Feld-

und Wiesenblumen entfalten sich im Verein zu voller Schönheit.

Üppige Gartensorten von Phlox, Rittersporn, Dahlien, Gladiolen können allein stehen, weil sie groß- bzw. vielblütig und farbenkräftig sind. Doch erst in einer Mischung kommt die bunte Fülle des Sommers zum Ausdruck.

Phlox, Rittersporn, Dahlien, Gladiolen

Sommerblumen sowie Feld- und Wiesenblumen passen am besten in bauchige Ton- oder Keramikvasen mit weitem Hals. Auch Gladiolen, Sonnenblumen, Rohrkolben, Chrysanthemen, Laub- und Fruchtzweige gehören in derartige, entsprechend größere Vasen. Dagegen wirken Wicken, Gerbera, Freesien und Cyclamenblüten in geschliffenen Glasvasen sehr gut. Für diese Blüten können auch Porzellanvasen genommen werden.

Sommerblumen, Feldblumen, Wiesenblumen

Zarte, anspruchslose Wiesen- oder Schilfgräser kommen in einem dunklen Keramikkrug am besten zur Geltung. Oft verlangt eine schlichte Keramikvase nach einer bizarren Füllung.

Wiesengräser, Schilfgräser

Kirschblütenzweige bezaubern in einem Bauernkrug, Goldregentriebe mit ihren hängenden Blütenzweigen in irdenen Tonflaschen.

Kirschblütenzweige Goldregentriebe

Bodenvasen aus Keramik werden mit Gräserhalmen, Sonnenblumen, Frucht- und Beerenzweigen oder Rohrkolben gefüllt. Beim Stecken von Bodenvasen bestimmen Höhe und Größe des Raumes die Art der Pflanzenauswahl.

Fruchtzweige, Beerenzweige

In größeren Räumen werden Kastanien, Birken, Weiden, Buchen u. a., in kleineren Räumen dagegen Forsythien, Kirschzweige und Seidelbast wirkungsvoll sein. Ein Bauernkrug mit nur einer Sonnenblume oder nur einer Malven- oder Fingerhutrispe, eine schlanke Keramikvase mit einem einzigen Blüten- oder Beerenzweig, eine einzelne Rose oder Lilie in einer edlen Vase aus Glas oder Metall sehen schön aus und erfreuen immer.

Kastanien, Birken, Weiden

Für Metallgefäße aus Messing, Kupfer und Zinn eignen sich besonders Blüten und Pflanzenteile von Warmhauspflanzen. Außerdem nimmt man hier gern Blumen, die auch mattglänzend sind: ein Feldblumenstrauß mit Korn-

Metallgefäße

blumen und rotem Klatschmohn, Skabiosen, Zinnien oder Clematis. Auch Fruchtzweige – Schneebeeren, Stechpalme *(Ilex)*, Schlehen, Sanddorn – sind gut geeignet für solche Gefäße.

Einfarbiger oder bunter Strauß? Beide sind schön. Zu starke Farbgegensätze wirken aber aufdringlich und zu viele Tönungen unruhig. Die Buntheit kommt stärker zum Ausdruck, wenn die verschiedenen Farbflecken nicht zu klein sind. Zwischen den einzelnen Farben sind Übergänge zu schaffen oder die Komplementärfarben zusammenzubringen (über Farbzusammenstellungen s. S. 60). Ein Blumenstrauß braucht also auch die passende Vase, um Form und Farbe der Blumen voll zur Geltung zu bringen. Aus diesem Grund sollen immer verschiedene Vasen bereit stehen, so daß die jeweils geeignete zur Verfügung steht. Generell sollten Gefäße für Blumen formschön, zweckmäßig, standsicher und ohne auffallenden Dekor sein. Abzulehnen sind Vasen in auffälligen und gekünstelten Formen, mit aufdringlichem Dekor und in bunten Farben. An uns selbst wird es also liegen, die gewünschte, notwendige Harmonie von Blüte und Gefäß zu erreichen.

Wir stecken eine Schale

Eine weitere Möglichkeit, Blumen dekorativ anzuordnen, besteht im Stecken einer Schale, eines Tellers oder eines anderen Gefäßes. Im Gegensatz zur Vase ist die Schale ein flaches Gefäß, das sich meistens neutral zur Füllung verhält. Das Stecken einer Schale erfordert Feingefühl, etwas Übung und ein geschultes Auge für sinnvolle Kombinationen.

Jeder kann dabei sein künstlerisches Können probieren und die eigene persönliche Note entwickeln. In den meisten Fällen wird eine Steckschale auch dekorativer wirken als eine Vasenfüllung. Viel verwendet werden flache Schalen aus Glas oder glasierter Keramik, seltener dagegen die Teller aus Kupfer, Messing oder Zinn. Als

Unterlage

Unterlage und haltbare Basis für die Blütenstiele dient feuchtes Moos (*Sphagnum* oder Polstermoos), das zu einer Halbkugel geformt und mit Draht oder Bindfaden kreuzweise in gleichmäßigen Abständen umwickelt wird.

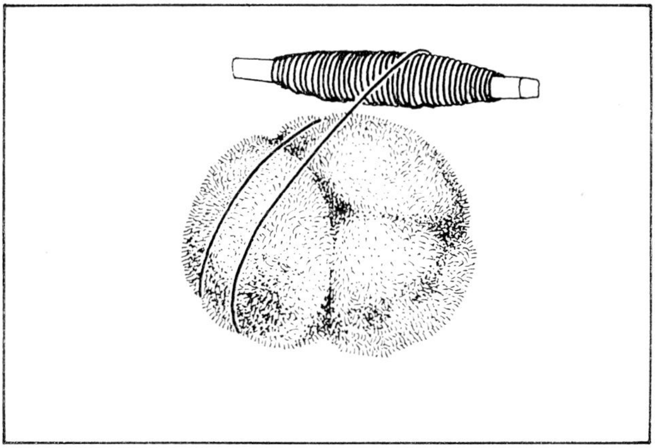

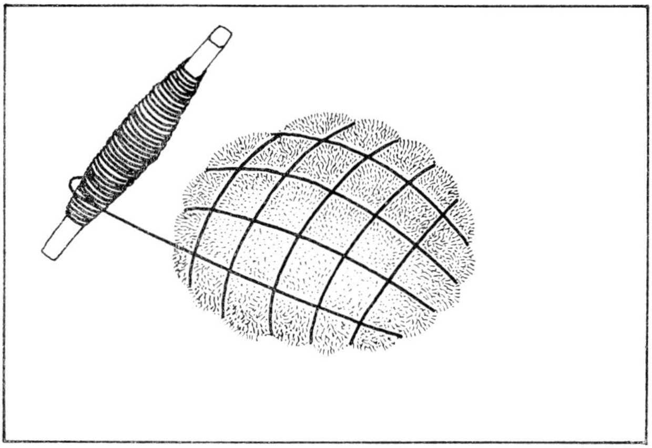

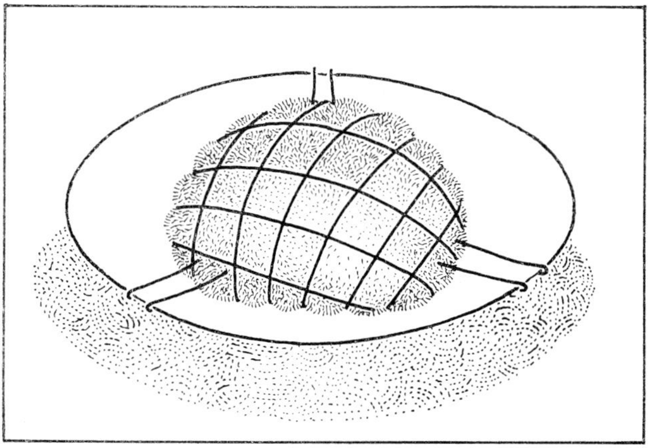

Anfertigen und Befestigen des Moospolsters

In der Mitte des Moospolsters dürfen dabei allerdings nicht viele Drähte zusammenlaufen, weil hier die meisten Blütenstiele hineingesteckt werden. Das fertige Moospolster kommt anschließend einige Minuten in ein Gefäß mit Wasser, damit es sich vollsaugen kann. Dann wird es mit 2 bis 3 zu U-Bogen geformten Steckdrähten auf der Schale befestigt. Die Drahtgabeln werden in das Moospolster gestochen und am Schalenrand durch Umbiegen angehängt. Das Moospolster muß nicht unbedingt in der Mitte der Schale angebracht werden.

Synthetischer Schaumstoff Piaflor

Zum Stecken von Blumen eignet sich sehr gut der synthetische Schaumstoff Piaflor. Dieses Material besteht aus Harnstoff und Formaldehyd und besitzt viele kleine Kapillaren, die bis zu 75 % Wasser aufnehmen können. Aufgrund seiner synthetischen Herstellung ist es vollkommen steril, und Krankheitsübertragungen sind ausgeschlossen. Piaflor ist sehr preiswert und im Handel in Ziegelform (250×100×95 mm) sowie in einer Kleinpackung (100×80×45 mm) erhältlich. Es wird schwimmend auf Wasser gelegt. Nach einer gewissen Zeit hat sich die Schaumstoffmasse mit Wasser vollgesaugt und taucht dann im Wasser unter (s. Abbildung). Nun kann die Masse in die gewünschte Form geschnitten werden. Verwendet man eine Ziegelform, ist es zweckmäßig, diese nach dem Wässern in 4 bis 7 gleichgroße Stücke zu zerschneiden und die nicht benötigten Teile wieder austrocknen zu lassen. Das Material ist unbegrenzt haltbar und kann beliebig lange gelagert werden. Auf keinen Fall darf Piaflor trocken zerschnitten, zusammengedrückt oder geknetet werden. Es verliert sonst den Zusammenhalt und bröckelt auseinander.

Das zurechtgeschnittene feuchte Stück – es sollte nicht zu klein sein – wird auf eine Schale gelegt und bei größeren Arrangements mit Steckdraht am Gefäßrand befestigt. Da der Draht in das feuchte Piaflor leicht einschneidet, ist sehr vorsichtig zu verfahren. Kleinere Steckarbeiten müssen nicht befestigt werden, wenn man beim Stecken der Blumen den Schwerpunkt berücksichtigt. Der Schaumstoff wird durch die Wasseraufnahme ziemlich schwer, so daß in den meisten Fällen eine ausreichende Standfestigkeit gegeben ist. Dann werden die Blütenstiele in den Schaumstoff gesteckt. Wichtig ist,

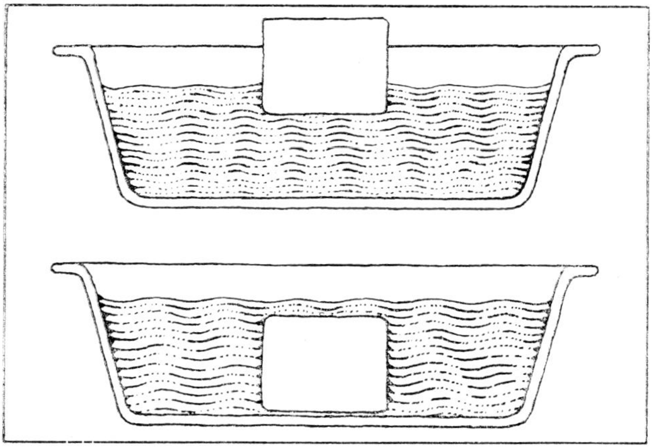

Wässern der zurechtgeschnittenen Blumensteckmasse

daß die Stiele nicht zu dicht angeordnet werden, weil die Masse sonst auseinanderbrechen kann, die Stiele nicht in der gewünschten Richtung stehen bleiben und umkippen. Einmal verwendete Piaflorstücke kann man wieder verwenden, indem man den Block wendet und die noch nicht durchstochenen Seiten benutzt. Theoretisch wäre das insgesamt sechsmal der Fall. Aber bereits nach dem dritten Stecken sind so viele Löcher bzw. Hohlräume entstanden, daß eine gute Standfestigkeit der Blütenstiele nicht mehr gewährleistet ist. Obwohl Piaflor viel Wasser aufnimmt und lange festhält, ist es zweckmäßig, von Zeit zu Zeit nachzufüllen und darauf zu achten, daß ständig Wasser vorhanden ist.

„Blumenigel" (Kenzan)

Ein idealer Blumenhalter ist der „Blumenigel" – auch Kenzan genannt – der aus einer runden, ovalen oder rechteckigen schweren Bleiplatte besteht, in die viele spitze Messingnägel eingeschmolzen sind. Diese Igel werden in verschiedenen Größen und Formen hergestellt und sind im einschlägigen Handel erhältlich. Die Kenzane sind sowohl für Steckschalen als auch für Vasenfüllungen sehr gut geeignet. Beim Arbeiten mit solchen Kenzanen ist folgendes zu beachten. Hölzerne Zweige werden unten wie ein Bleistift angespitzt und dann auf die Nägel gesteckt. Einen dicken Zweig spaltet man unten am besten noch ein wenig, damit die Nägel besser ins Holz eindringen können. Weiche Blütenstengel werden unten gerade geschnitten, sehr dünne dagegen bin-

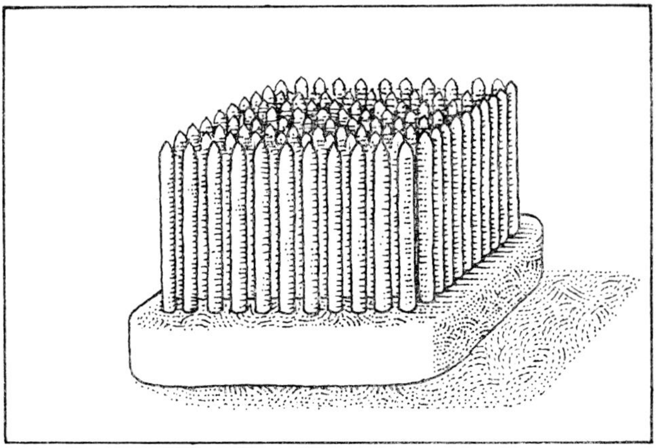

Kenzan, der Blumenigel

det man zu mehreren zusammen, damit sie festen Stand haben. Damit der Kenzan im Gefäß auch nicht wegrutscht, wird er mit öligem Modellton oder Knetgummi am Gefäß befestigt. Auch dünnes Papier, in der Größe des Blumenhalters zugeschnitten und untergelegt, verhindert das Hin- und Hergleiten.

Zum Befestigen und Halten der Blumen können außerdem die im Handel in verschiedenen Ausführungen vorhandenen Blumenhalter aus Kunststoff oder Keramik verwendet werden.

Konzentrische Steckarbeiten

Zum Stecken benötigt man ein scharfes Messer und ein bis zwei verschieden starke Holzstäbchen zum Vorbohren im Moospolster. Vor dem Stecken werden die Blütenstiele noch einmal schräg angeschnitten. Zuerst wird der Mittelpunkt der Unterlage gesteckt. Dabei ist es zweckmäßig, mit der längsten Blüte zu beginnen und dann konzentrisch nach vorn zu gehen und die Seiten auszustecken. Dabei werden lange Blütenrispen und helle, zarte Blumen in der Länge höher verarbeitet als schwere, dunkle Blumen. Um die strenge Anordnung der meist steil nach oben strebenden Blüten abzuschwächen, werden Blütentriebe, Gehölzzweige oder Blattwerk liegend verarbeitet. Moospolster oder Kenzan werden mit Blättern geschickt verdeckt. Die fertiggesteckte Schale muß den Eindruck erwecken, als ob die Blumen aus einem Punkt der Schale herauswachsen. Sie kann symmetrisch oder asymmetrisch gestaltet sein.

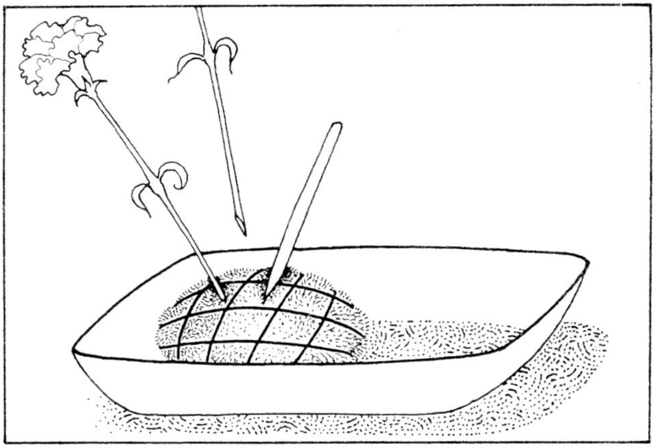

Stecken der Schnittblumen in das Moospolster

Von diesen bisher üblichen konzentrischen Steckarbeiten weicht man heute immer mehr ab. Die Blumen werden auf einzelne Punkte konzentriert angeordnet oder in parallelen Reihen gesteckt. Allgemein gilt, daß alles erlaubt ist, was gefällt und Schmuckwirkung ergibt. Steckschalen sind vielseitig verwendbar als kleiner oder großer Raumschmuck, zur Tischdekoration, als Präsent oder zum Ausschmücken von Präsenten.

Parallelgestaltung

Trockenblumenschmuck

Trockenblumen und andere getrocknete Pflanzenteile – Früchte, Fruchtstände, Gehölzzweige mit Beeren u. a. – sind vielseitig verwendbar. Ein bunt zusammengestellter Strauß mit Strohblumen, Fruchtständen und Zweigen dient als Vasenschmuck im Wohnraum, in der Küche oder am Arbeitsplatz. Wir können Steckarbeiten in den verschiedensten Gefäßen als Tischschmuck oder Raumdekoration oder einen Wandschmuck auf Bastgeflecht, auf einer Rohr- oder Metallunterlage oder an einem Stück Rinde befestigt, anfertigen. Reizvoll wird auch das Herstellen einer Strohblumenkugel sein. Sogar ein Bastzopf mit Trockenblumen und ein Zwiebelzopf lassen sich leicht selbst anfertigen. Trockenblumenmaterial ist besonders dafür geeignet, sogenannte florale Bilder (s. S. 77) anzufertigen.

Vasenschmuck

Tischschmuck

Raumdekoration

Wandschmuck

Trockenblumenstrauß

Ein Trockenblumenstrauß kann wie eine Steckarbeit in eine Vase gesteckt oder wie ein frischer Strauß gebunden werden. Beim Stecken nehmen wir die getrockneten Blüten- und Fruchtstiele und stellen sie locker in das Gefäß. Dünnstieliges Material muß mit Steckdraht gestützt werden. Kurzstielige Blüten und Früchte erhalten so einen längeren Stiel. Durch ein ständiges und vorsichtiges Ergänzen mit getrocknetem Naturmaterial erhalten wir dann einen fülligen Trockenblumenstrauß. Wir brauchen dazu das Material nicht aus der Vase herauszunehmen.

Gebunden wird ein Trockenblumenstrauß wie ein Strauß mit frischen Blumen. Als typische Form hat sich der Rundstrauß durchgesetzt. Beliebt ist außerdem der ovale Strauß mit im Hintergrund hochgezogenen Gräserhalmen und Fruchtständen. Wie bei jedem Straußbinden beginnt man mit zwei Blumen, die – in der linken Hand zwischen Daumen und Zeigefinger – schräg übereinander gelegt werden. Die folgenden Blumen werden diesen entgegengesetzt quirlförmig in der Hand angelegt.

Rundstrauß

Beim Rundstrauß ordnet man die Blumen gleichmäßig dicht Kopf an Kopf. Hat der Strauß die gewünschte Form und Größe, so werden die Drahtenden der gedrahteten Blumenstiele miteinander verschlungen und der Strauß an der Bindestelle zusammengebunden.

Gestecke aus Trockenblumenmaterial

Mit etwas Geschick kann jeder ein Trockenblumengesteck anfertigen. Man benötigt dazu eine Unterlage aus Holz, Rinde oder Metall oder ein flaches Gefäß aus Ton, Keramik oder Kupfer. Zum Befestigen des Trockenmaterials verwenden wir Moos, Piaflor-Steckmasse oder plastische Knetmasse. Auch der Kenzan (Blumenigel) ist dazu geeignet. Das Piaflor wird nicht angefeuchtet, das Moospolster dagegen schwach angefeuchtet, da sich dann das Material leichter stecken läßt. Die Steckarbeit läßt sich wie bei einem Gesteck mit frischen Blumen symmetrisch als Tischschale oder asymmetrisch anordnen, das Trockenblumenmaterial kann parallel aneinandergereiht oder gestaffelt sein. Gesteckte Blumen sind immer geordnete Blumen. Entsprechende Hinweise, wie man Trockenblumengestecke gestalten kann, wurden bereits im vorhergehenden Kapitel gegeben.

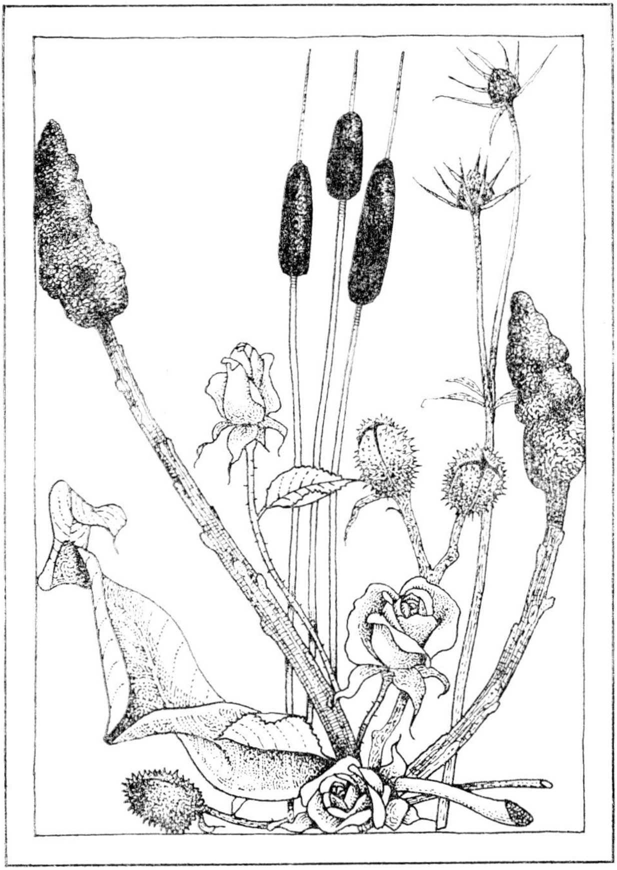

Florales Bild: Gestaltung aus Trockenmaterial in einem Holzrahmen

Strohblumenkugel

Aus Moos, Holzwolle oder Knüllpapier wird eine Kugel als Steckbasis angefertigt. Damit die Form erhalten bleibt, umwickelt man das verwendete Material fest mit dünnem Draht oder mit Bindfaden. Mit Hilfe von Stecknadeln werden anschließend die getrockneten Blütenköpfe von der Strohblume *(Helichrysum)* dicht an dicht an der Unterlage befestigt. Zum Aufhängen verwenden wir buntes Schleifenband.

Bastzopf – Zwiebelzopf

Bastzopf und Zwiebelzopf ergeben einen dekorativen Wandschmuck. Der Bastzopf besteht aus geflochtenen Bastfasern, die zu einem Zopf zusammengefügt werden. Die trockenen Strohblumen mit angedrahtetem Stiel wer-

Florales Bild

Dekorativer Wandschmuck

den entweder beim Flechten des Zopfes mit eingearbeitet oder erst nach dem Fertigstellen des Zopfes daran befestigt. Zweckmäßig ist das Anordnen der Strohblumen im Tuff im unteren Teil des Zopfes. Natürlich kann auch anderes Trockenblumenmaterial verwendet werden.

Für den Zwiebelzopf werden trockene Zwiebeln mit langem Lauch genommen. Kurze Lauchenden müssen mit Draht verlängert werden. Beim Flechten werden die Zwiebeln, das Trockenblumenmaterial *(Helichrysum, Limonium)* und einige wenige Schleifen oder Bänder mit eingearbeitet. Auch hier kann man durch Tuffbildung farbliche Schwerpunkte in der Gestaltung schaffen.

Florale Bilder sind flächige Gestaltungsarbeiten mit Trockenmaterial, die in verschieden großen Holzrahmen gesteckt, geklebt und (oder) gebunden sind. Der Hintergrund kann offen oder mit einer Rückwand versehen sein. Neben dem meistens verwendeten Holz kann der Rahmen auch aus Metall oder Kunststoff bestehen. Verarbeitet werden vorwiegend frische oder getrocknete Gräser und Fruchtstände. Bei diesen Arbeiten kommt es auf das Gestalten von Formen und Linien an. Durch den Einsatz von Material unterschiedlicher Strukturen entstehen spannungsgeladene florale Bilder. Die Anordnung muß nicht wachstumsgerecht sein. Das Material kann gleichmäßig, sich wiederholend, oder reihenförmig ungleichmäßig angeordnet sein, es kann geschichtet erst richtig zur Wirkung kommen oder der eigenen Idee entsprechend „ungeordnet" zusammengestellt werden. Dieses Gestalten mit Naturmaterial richtet sich ganz nach der Fantasie und dem persönlichen Geschmack. Florale Bilder

Es ist eine schöpferische Arbeit, ein Übertragen bzw. Umsetzen von Naturbeobachtungen und von Naturerscheinungen. Das Material wird auf den Rahmen mit Nägeln, Schrauben oder durch Kleben befestigt. Florale Bilder können als Wandschmuck oder – beidseitig gestaltet – als Raumteiler dienen.

Vorweihnachtlicher Schmuck

In der Vorweihnachtszeit schmücken wir unsere Wohnungen und Arbeitsräume mit Koniferengrün, mit Zapfen und Kerzen. Dies ist ein Ausdruck für die Verbundenheit der Menschen mit der Natur und für die Vorfreude auf das bevorstehende Weihnachtsfest. Der vorweihnachtliche Schmuck geht auf überliefertes Brauchtum zurück, er entspringt alten Traditionen und Symbolen. Die Farben Grün (= Natur), Rot (= Leben) und Gelb/Gold (= Licht) haben hier die größte Bedeutung. Während früher die Formgebinde Adventskranz, Adventspyramide und Apfelpyramide vorherrschend waren, werden jetzt vielfach rustikale oder festlich gestaltete Steckarbeiten angefertigt und zum Schmücken verwendet. Die Formgebinde haben jedoch ihre Bedeutung nicht verloren. *Formgebinde* *Steckarbeiten*

Adventskranz

Tischkranz

Deckenkranz

Der Adventskranz mit den vier Kerzen kann zum Aufhängen an der Decke des Raumes, als Tischständer ebenfalls hängend oder aufliegend auf dem Tisch bzw. als Wandschmuck angefertigt werden. Der Tischkranz sollte nicht größer als 30 bis 40 cm im Durchmesser sein, er hängt etwa 10 bis 20 cm über dem Tisch. Der Deckenkranz kann größer sein und 40 bis 100 cm Durchmesser haben. Als Unterlage dient ein Kranzreifen, ein Holzreifen oder ein Strohrömer, die mit Koniferengrün umwickelt werden. Dazu schneidet man das Nadelgrün in 6 bis 8 cm lange Stücke. Diese werden fächerartig von außen nach innen dicht an dicht auf der Unterlage mit gut biegsamem Wickeldraht befestigt. Der Ständerkranz besitzt ein dreiviertelrundes Profil, der Deckenkranz ein rundes. Liegende Tischkränze erhalten ein halbrundes Profil. Der Kranzkörper kann auch aus Zapfen hergestellt werden. Neben den vier Kerzen können noch Trokkenblumen, Kordel, Textilbänder und Kugeln zum Ausschmücken verwendet werden. Die vier Kerzen müssen nicht symmetrisch auf dem Kranzkörper verteilt sein, sie können beispielsweise in Gruppen mit unterschiedli-

Apfelpyramide

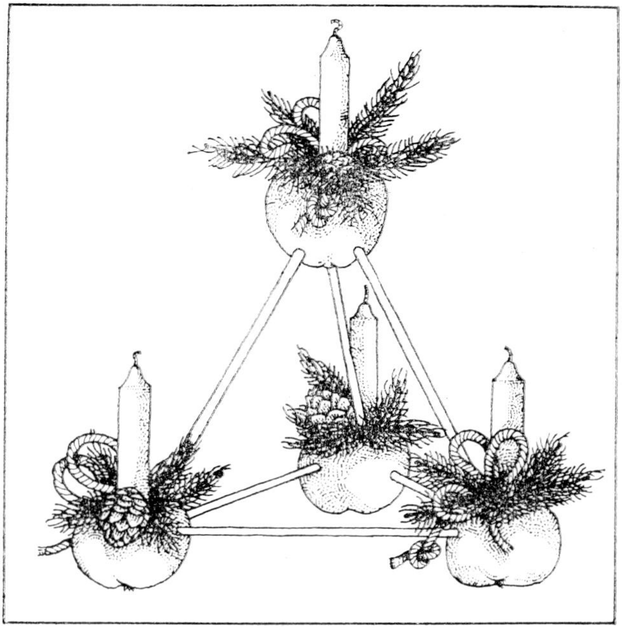

chen Längen angeordnet werden. Der Wandkranz erhält keine Kerze. Hier kann mit einer kleinen Steckarbeit am unteren Teil des Kranzes eine Schmuckwirkung erreicht werden.

Wandkranz

Apfelpyramide

Einen dekorativen Tischschmuck stellt die Apfelpyramide dar. Sie besteht aus drei bis sieben geschmückten Äpfeln, die mit Holzstäben verbunden sind. Je nach Anzahl der Äpfel kann ein Dreieck, Viereck oder Fünfeck gestaltet werden. Der Abstand von Apfel zu Apfel sollte 20 bis 30 cm betragen.

Schmuckapfel

Der Schmuckapfel wird im oberen Teil mit einer Kerze, mit ein bis zwei Koniferenspitzen, mit Strohblumen und schmalem Goldband garniert. Das angedrahtete Material wird einfach in den Apfel hineingesteckt. Damit der Apfel auf dem Tisch nicht umfällt, kommen drei gleichlange Holzstäbchen als Stellfüße in den Apfel.

Stabpyramide

Mit längeren Stäben aus Bambus oder anderem Material kann man eine Stabpyramide von 120 bis 150 cm Höhe herstellen. An den Verbindungsstellen der Stäbe werden Steckarbeiten aus Koniferengrün, Zapfen und Kerzen befestigt.

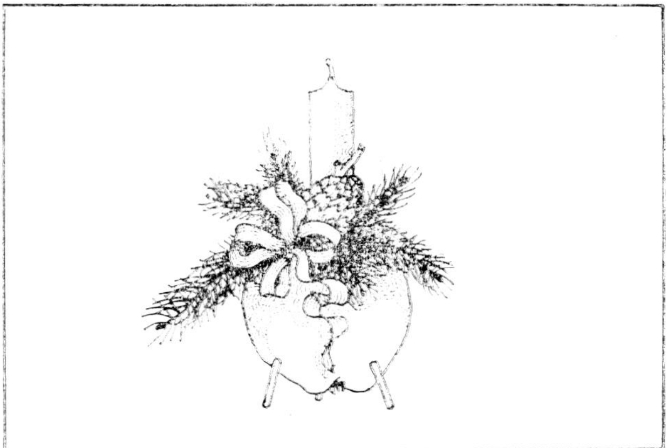

Putzapfel

Weihnachtspyramide

Sehr beliebt wurde in der letzten Zeit die Weihnachtspyramide. Dieses Formgebinde kann man leicht selbst herstellen. Die Grundform besteht aus einem Keramikgefäß und einem um einen Holzstab gewickelten Moos-

Materialien der Grundform

polster. Der runde Holzstab sollte je nach der Größe des Gefäßes 25 bis 40 cm hoch sein. Er bildet die Mitte des Moospolsters. Als Moos verwenden wir am besten Sumpfmoos *(Sphagnum)*. Mit dünnem Wickeldraht befestigen wir das Moos gleichmäßig an der gesamten Länge des Holzstabes. Ein Durchmesser von 8 bis 12 cm ist dabei zweckmäßig. Der Moosstab wird feucht gemacht und anschließend in das Gefäß gestellt. Freie Zwischenräume sind mit Moos auszufüllen, damit der Stab auch fest sitzt.

Ausstecken

Zum Ausstecken nehmen wir Koniferengrün, Zapfen, Strohblumen und anderes Trockenblumenmaterial (Gräser, Fruchtstände von Mohn u. a. Gartenblumen), Nüsse, Disteln, Baumschwämme u. a. geeignetes Material aus dem Garten. Auch einige wenige, aber kleine Glaskugeln, ein Stück Goldkordel und Bandschleifen können wir verwenden. Von den Koniferen eignen sich Blaufichte *(Picea pungens)*, Eibe *(Taxus)* und Wacholder *(Juniperus)* besonders gut, denn sie nadeln nicht so schnell. Das Grün wird mit der Gartenschere zerkleinert und angedrahtet. Das überstehende Drahtende soll 2 bis

Konische Form

3 cm lang sein. Mit diesem Ende stecken wir das Grün etagenförmig in das Moorpolster. Auch das gesamte andere Material wird angedrahtet und so zwischen das Grün gesteckt. Der Fantasie sind dabei keine Grenzen gesetzt. Es ist lediglich auf eine konische Form zu achten, die sich also – wie auch der Name „Weihnachtspyramide" schon sagt – nach oben verjüngt. Als Abschluß

Als Abschluß eine Kerze

dient eine Kerze – weiß, rot oder violett –, die weder zu dick noch zu lang sein darf.

Nach dem Weihnachtsfest wird das Koniferengrün vorsichtig entfernt, das andere Material bleibt im Moospolster. In Cellophanpapier gut eingewickelt und dunkel und kühl stehend, wird die Pyramide aufbewahrt. Sie kann mehrere Jahre wieder verwendet werden. Zur Weihnachtszeit wird das Gefäß für mehrere Stunden in eine Schüssel oder einen Eimer mit Wasser gestellt, damit sich das Moospolster vollsaugen kann. Einige unschön gewordene bzw. gedrückte oder geplatzte Trockenblumen und Fruchtstände werden ausgewechselt. Die dabei entstehenden freien Etagen werden mit neuem Koniferengrün besteckt.

Dekoratives Gesteck auf einer Holzscheibe

Vorweihnachtliche Steckarbeiten

Wir unterscheiden hier Steckarbeiten mit und ohne Kerzen. Die letzte Form ist seltener anzutreffen, sie hat aber z. B. als Wand- oder Tischschmuck im Kinderzimmer Bedeutung, wo wir mögliche Brandquellen vermeiden wollen.

Unterlage und Moospolster

Je nach eingesetztem Material und Unterlage können vorweihnachtliche Steckarbeiten einen rustikalen oder festlichen Charakter tragen. Für ein rustikales Weihnachtsgesteck verwenden wir als Unterlage ein Holzbrett, eine Holzscheibe, eine bizarr geformte Wurzel oder ein Keramikgefäß. Soll die Steckarbeit dagegen festlicher wirken, so nehmen wir Metall- oder Porzellangefäße als haltgebende Basis. Wie bei einer Steckarbeit mit

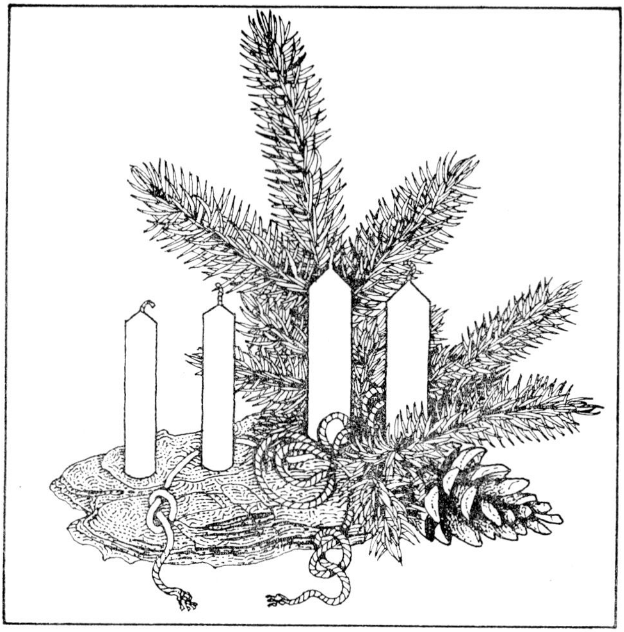

Vorweihnachtlicher Tischschmuck

Schnittblumen wird ein Moospolster gearbeitet und auf der Unterlage mit Wickel- oder Steckdraht befestigt. In dieses Moos stecken wir die angespitzten Koniferenzweige, angedrahtete Zapfen sowie Fruchtzweige und anderes Trockenblumenmaterial. Die Koniferenzweige sollten unterschiedlich lang sein, sie dienen als Linienführung und dürfen nicht zu nahe an den Kerzen stehen.

Kerzen bilden den Mittelpunkt

Ein oder mehrere Kerzen bilden den Mittelpunkt der Gestaltung. Damit sie fest sitzen, steckt man 2 bis 3 zuvor erhitzte, kurze Drahtstückchen in den Kerzenfuß. Die herausragenden Enden bieten zusätzlichen Halt.

Die Höhe der Kerze ist der Maßstab für die Größe des Gesteckes. Dabei ist zu beachten, daß schlanke Kerzen immer eine dominierende Mittellinie ergeben, während gedrungene Kerzen einen optischen Schwerpunkt an der Basis bilden.

Ausschmücken

Beim Ausschmücken kann man so verfahren, daß hinter einer schlanken Kerze ein gut gewachsener Zweig diagonal gesteckt wird, der nach Möglichkeit nicht länger als die Kerze sein sollte. Dann kommen vor, neben und hinter die Kerze die weiteren Zweige zum Ausfüllen der Lücken und Zwischenräume. Den Ab-

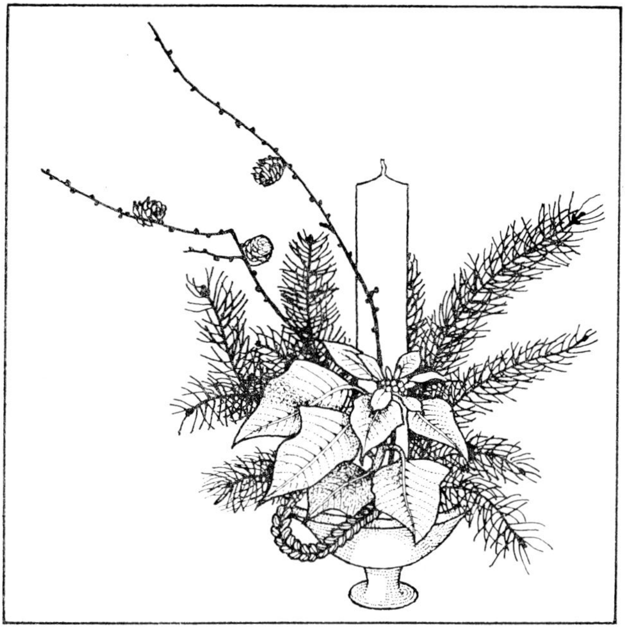

Steckarbeit mit Weihnachtsstern

schluß am Fuß der Kerze bilden Zapfen, Trockenblumen oder Goldkordel, die in Schlaufen gelegt wird. Beim Verarbeiten von zwei oder mehr Kerzen muß der Sicherheitsabstand beim Abbrennen beachtet werden. Auch Schnittblumen lassen sich in vorweihnachtliche Steckarbeiten einarbeiten. Sie werden sparsam verwendet und müssen in einem Reagenzglas mit Wasser stehen.

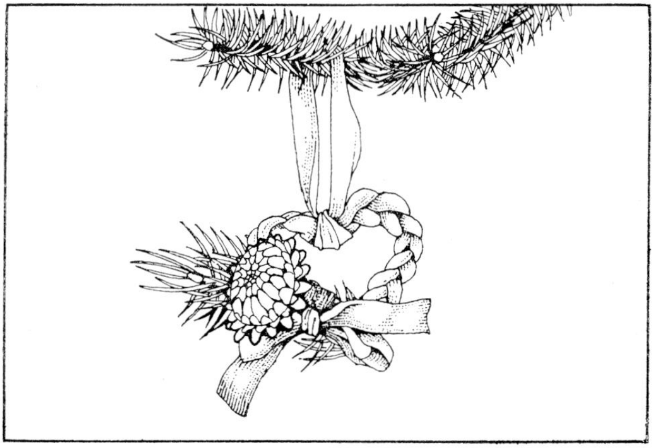

Weihnachtsbaumschmuck

Binderischer Baumschmuck

Gebundener Weihnachtsbaumschmuck

Kleine Bindearbeiten

Lebendig und natürlich Blumenzusammenstellungen aus ausgesuchtem Material

Wir schmücken unseren Weihnachtsbaum mit roten und silbernen Glaskugeln und Zapfen, mit Lametta u. a. Mit ein wenig Fantasie können wir den Baum aber auch mit kleinen Bindearbeiten schmücken. Diese Arbeiten sollten nicht zu groß sein, also Miniaturgebinden gleichen. Sie sollen auffallen, attraktiv sein, lebendig und natürlich wirken. Wir verwenden vorwiegend Naturmaterial – Koniferenspitzen, Trockenblumen, Ziergräser, getrocknete Fruchtstände, Zapfen – und fügen es nach unserem Geschmack zusammen. Das kann beispielsweise ein sternförmiges Gebilde aus den in Bronze getauchten Früchten der Sommerblume Jungfer im Grünen *(Nigella)* sein. Oder wir verbinden drei Kiefernzapfen mit Hilfe von Draht und schmücken sie mit goldgelbem Schleifenband. Wir können angedrahtete Strohblumen in Zapfenform befestigen oder fertigen einen Minikranz aus Koniferen- und Trockenblumenmaterial. Auf die verschiedenste Weise läßt sich so der Weihnachtsbaum schöner und individueller schmücken.

Geschenke mit einer Gefäß- oder Behälterfunktion werden einfach als Steckbasis für die Blumen verwendet.

Geschenke in Verbindung mit Blumen, die selbst arrangiert werden, sind sehr beliebt.

Brautstrauß in freier Form aus gelben Edelrosen und lilablauen Clematisblüten

Brautstrauß in Biedermeierform mit Rankenteilen aus Einzelblüten

Brautstrauß in Fantasieform
mit Flamingoblumen und Edelnelken

Geschenkstrauß aus Nerinen,
der mit Pfauenfedern und
in der Mitte mit einem Fruchtstand
der Lotosblume geschmückt ist

Tischschmuck aus roten Rosen, asymmetrisch angeordnet

Tischschmuck aus gelben Rosen in einem Kristallrömer

Elegante Vasenfüllung im Dreifarbenklang, als Tischschmuck gut geeignet

Eine Keramikvase geschickt mit 2 Flamingoblumen und 2 Berberiszweigen gefüllt. Am Vasenhals sorgen Blätter vom Wunderstrauch und Blüten des Usambaraveilchens für einen dunklen Mittelpunkt.

Edle Schnittblumen, wie hier Orchideen, gehören in Glasgefäße.

Auch mit nur einer Blüte kann man dekorative Vasenfüllungen schaffen.

Ein bunter Sommerblumenstrauß in Kugelform, gesteckt in ein schlichtes Keramikgefäß

Blumen aus dem Garten bringen die Blütenpracht ins Haus.

Ein gesteckter Blütenball als dekorativer Schmuck, er kann sogar als Brautstrauß verwendet werden.

Bunter Sommerblumenstrauß – rund gebunden in einer Rauchglasvase

Wirkungsvolle Steckarbeit aus Staudenschnittblumen (Gelenkblume, Strandnelke, Indianernessel), gelben Edelrosen und Gartenhortensien

Ein herbstlich gefüllter Korb mit Sonnenblumen, Ebereschen und anderen beerentragenden Zweigen

Steckarbeit auf Moospolster
in Verbindung mit einem Wurzelstück,
Naturmaterial bietet sich hierfür an.

Solch eine Steckarbeit als Tischschmuck kann man selbst leicht herstellen.

Nur eine Blüte, in Verbindung mit anderem pflanzlichen Material, kann auch dekorativ wirken.

Steckschale mit Gerbera und Chlorophytum-Ranken

Farblich wirkungsvolle Steckarbeit aus Rosen und Kornblumen

Vielseitig sind die Verwendungsmöglichkeiten von Trockenblumenmaterial.

Ein ausgehöhlter Kürbis dient hier als haltgebende Basis für ein herbstliches Gesteck.

Ein haltbarer Biedermeierstrauß aus Trockenblumen

Dekorativer Wandschmuck für die Küche

Blütenschmuck aus frischen Blumen, auf einem Strohzopf befestigt

Weihnachtspyramide

Erzgebirgischer Lichterbogen mit Blüten dekoriert.
Es müssen nicht unbedingt Venusschuh-Blüten sein.

Nußknacker und Nüsse als Symbole der Weihnachtszeit – einmal anders auf den Tisch gestellt

*Vorweihnachtliches Gesteck mit
der Holzfigur eines erzgebirgischen Bergmanns*

Weihnachtsbaumschmuck – einmal anders: angedrahtete Kiefernzapfen in Traubenform mit Beiwerk angeordnet

Kiefernzapfen mit Statice und Nadeln geschmückt

Walnüsse mit Strohblumen und Statice

Geschlitztes Stroh als Stern mit Strohblumen zusammengeklebt (vorn und hinten)

Mit Bast überzogener Ring, der mit Trockenblumen garniert wurde

Eine weitere Möglichkeit, einen Holzring mit Trockenblumen zu schmücken

Kleiner Strohblumenball – ein beliebter Weihnachtsbaumschmuck

Gesteck für die Weihnachtszeit mit Orchideen im Mittelpunkt

Ikebana – Blumenstellkunst der Japaner

Das Studium der Kunst des Blumenstellens
ist der schönste Weg, die liebenswerten
Winkel unserer Seele zu erleuchten.

JIUKYUSHI

Von den Japanern können wir vieles in bezug auf das Arrangieren von Blumen lernen. Das Bedürfnis des Japaners, seinem Leben durch Blumen Poesie zu verleihen, den Alltag mit schönen Blumenarrangements zu schmükken und die Schönheit der Blumen zu bewundern, ist sehr ausgeprägt. „Ikebana" besitzt eine jahrhundertealte Tradition und ist im Leben des Japaners tief verwurzelt. In jeder Familie, in jedem Haus begegnet uns die Kunst des Blumenstellens. In unserem Sprachgebrauch hat der Begriff Ikebana seit vielen Jahren festen Fuß gefaßt. Mit diesem Wort verbinden sich Blumenzusammenstellungen aus besonders ausgesuchtem und außergewöhnlichem Material, die durch Linie, Form und Farbe den Betrachter begeistern. Japanische Meister des Ikebana reisen heute um die ganze Welt und demonstrieren diese Blumenstellkunst. In Japan gibt es viele Ikebana-Schulen, die sowohl die Grundprinzipien des Ikebana – die klassischen Formen und Stilrichtungen – lehren als auch nach neuen, modernen Ausdrucksformen in der Blumenstellkunst suchen und eigenwillige Blumenkompositionen anfertigen.

Ikebana – Entstehung und Entwicklung

Ikebana entstand bereits im 6. und 7. Jahrhundert unserer Zeitrechnung in China und Japan als Opfergabe für Buddha und wurde vorwiegend von den Priestern als Zeremonie zu Ehren Buddhas in Tempeln durchgeführt. Dieser Blumenschmuck war Ausdruck der Naturliebe und des Göttlichen in der Natur. Im Laufe der Jahrhunderte entwickelte sich dann die Blumenstellkunst nicht nur in Tempeln für religiöse Zwecke weiter, sondern auch in den Wohnräumen, anfangs zu Ehren eines hohen Besuches und später außerdem und besonders zur Freude der Familie. Das Blumenarrangement erhielt einen festen Platz in der sogenannten Ehrennische.

Die wichtigsten Stilformen des Ikebana

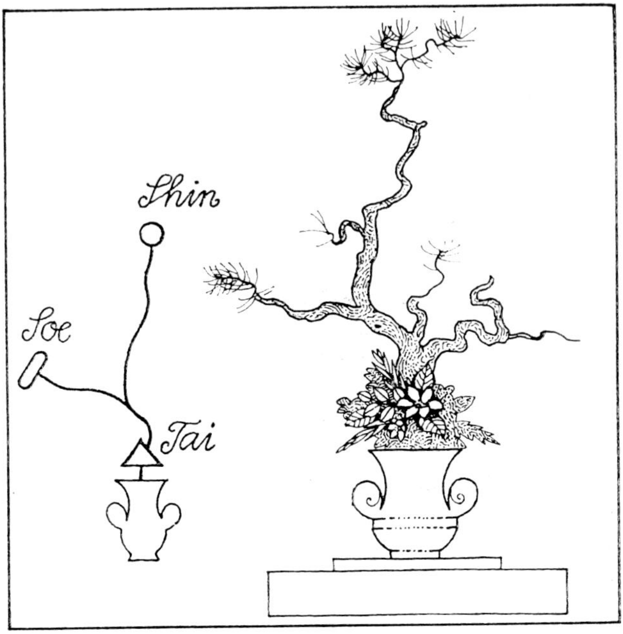

Rikka

Shoka oder Seika

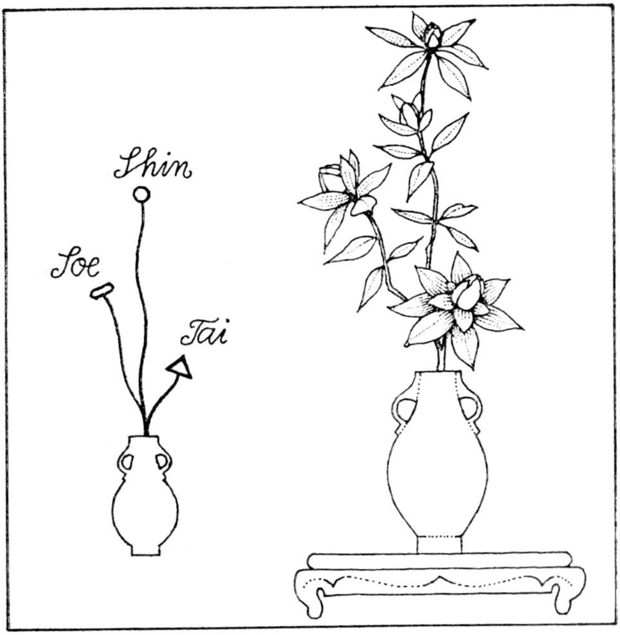

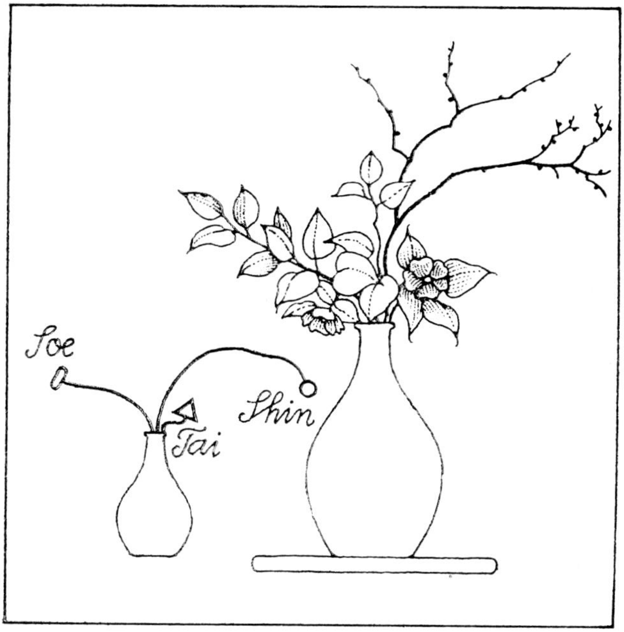

Nageire

Moribana

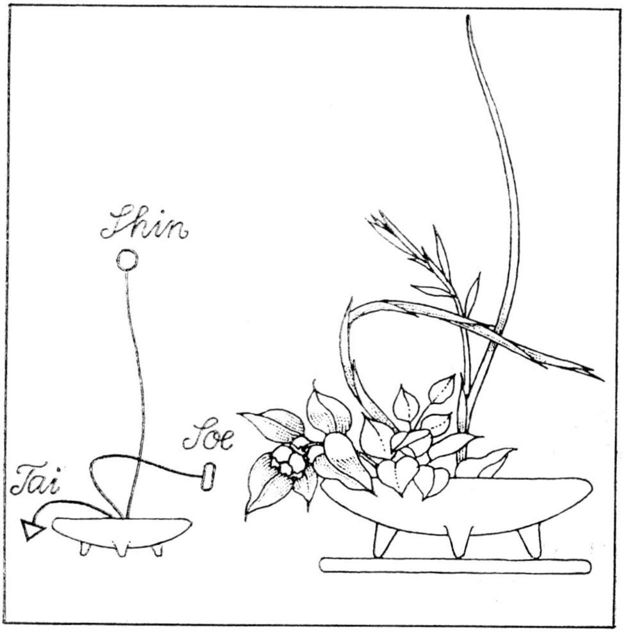

Die vier wichtigsten klassischen Stilarten

Auf der Grundlage bestimmter religiöser und philosophischer Vorstellungen des für uns Europäer so schwer zu verstehenden Buddhismus entstanden im Laufe der Entwicklung des Ikebana komplizierte Gestaltungsregeln. Es bildeten sich bestimmte Formen und Stilrichtungen heraus. Die vier wichtigsten klassischen Stilarten sind Rikka, Shoka, Nageire und Moribana. Sie werden heute noch im klassischen Stil nach strengen Regeln gelehrt und praktisch gestaltet. Allerdings entwickeln sich die Stilrichtungen immer mehr nach gelockerten Regeln und mit vielen Abwandlungen weiter.

Grundregeln

Da wir aus dem Ikebana viele wertvolle Hinweise und Anregungen für unser eigenes Gestalten mit Blumen entnehmen können, sollen hier die wichtigsten Grundregeln erläutert sowie auf einige interessante technische Kniffe hingewiesen werden. Die wichtigste Grundregel bei einer Ikebana-Komposition ist die Dreiteilung und damit das Vermeiden jeglicher Symmetrie. Dem japanischen Kunstsinn widerspricht die Symmetrie, weil darin eine unnatürliche Vollkommenheit gesehen wird. Die

Komposition in drei Ebenen

Teilung der Komposition in drei Ebenen ist abgeleitet aus der buddhistischen Vorstellung vom Aufbau des Universums – von Himmel (Shin), Mensch (Soe) und Erde (Tai). Durch die optische Verbindung der Enden dieser drei Linien oder Ebenen entsteht ein ungleichwinkliges Dreieck. Deshalb bilden drei Zweige oder Blumen das Grundgerüst einer Ikebana-Komposition.

Die Länge der drei Zweige ist festgelegt, die Anordnung dagegen frei. Bei Shin (Himmel) beträgt die Länge der Hauptzweige $1\frac{1}{2}$mal Höhe und Breite der Vase plus der Länge, die in der Vase verschwindet; Soe (Mensch) ist $\frac{3}{4}$ von Shin und Tai (Erde) $\frac{1}{2}$ von Shin lang. Bei einer Schale beträgt die Zweiglänge von Shin (Himmel) ebenfalls das $1\frac{1}{2}$fache von Durchmesser und Höhe der Schale. Die drei Teile sind in der Reihenfolge Himmel-Mensch-Erde so anzuordnen, daß Teil Eins von einer gedachten Senkrechte etwa 10 bis 15° nach links ausschwingt, Teil Zwei etwa 95° ebenfalls nach links und Teil Drei etwa 60 bis 75° nach rechts zeigt. In der Regel hat der erste Teil eine, der zweite Teil zwei und der dritte Teil drei Begleitblumen. Die Länge dieser Pflanzenteile ist jeweils um $\frac{1}{4}$ kürzer.

Beispiele moderner Ikebana-Arbeiten

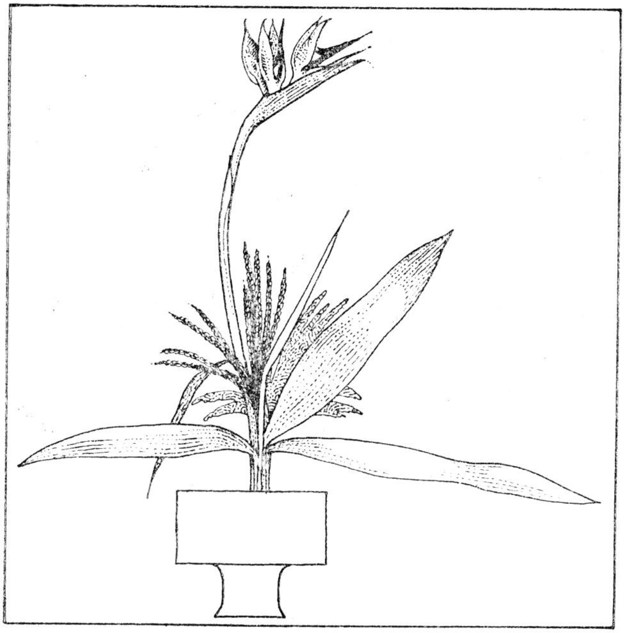

Rikka-Stil

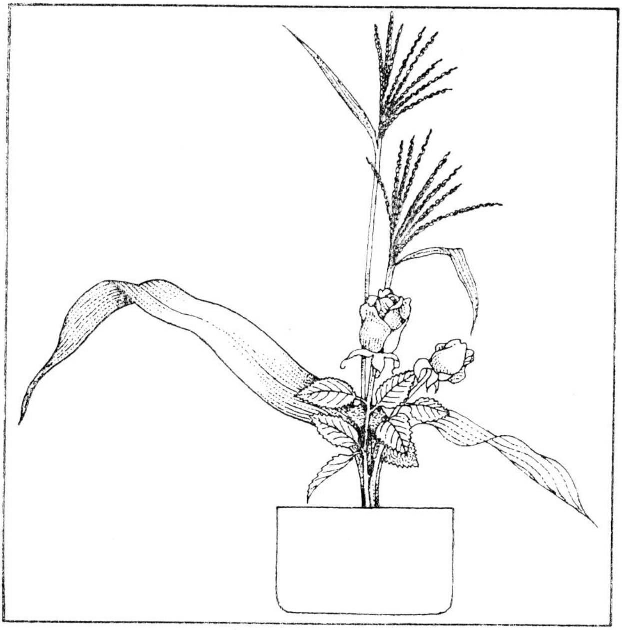

Shoka-Stil

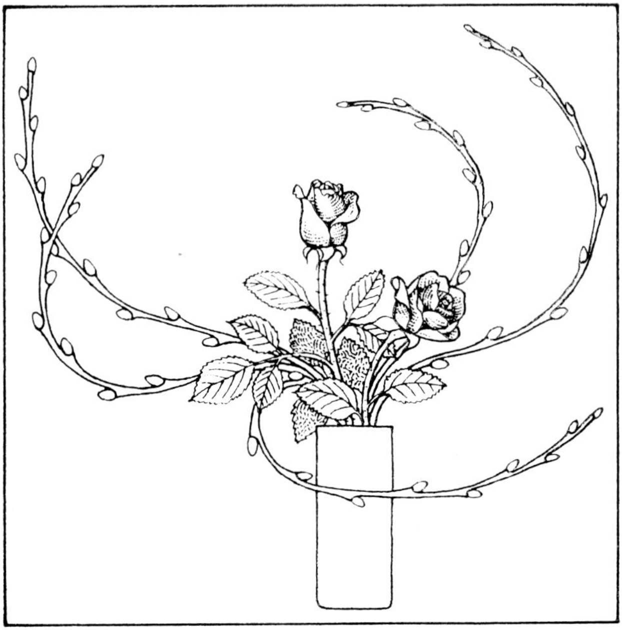

Nageire-Stil

Neben der Auswahl und Stellung der drei wichtigsten Linien spielen die richtige Wahl der Farben und ihr Kontrast zu den Linien und Formen eine große Rolle. Deshalb beruht die Schönheit eines Ikebana-Arrangements auf der Komposition von Linien und Farben.

Komposition von Linien und Farben

Diese Hinweise sollen nur eine Orientierung darstellen und nicht als starres Schema aufgefaßt werden. Entscheidend bleibt das individuelle Schaffen von ästhetisch ansprechenden Blumenarrangements. Damit die Pflanzenteile auch in der gewünschten Stellung verbleiben, werden sie im Gefäß fixiert und kunstgerecht in den entsprechenden Winkel gebogen. Dieses Biegen erfordert großes Einfühlungsvermögen und muß lange geübt werden. Damit ein Zweig besonders gut zur Wirkung kommt, wird oft ein Teil der Blätter entfernt. Interessant ist auch, daß das Anschneiden der Blumenstiele sowie aller anderer Pflanzenteile stets unter Wasser geschieht.

Obwohl der Japaner eine Vorliebe für Bambus-, Kiefern-, Pflaumen- und Kirschblütenzweige hat, kann grundsätzlich alles verwendet werden, was in der Pflanzenwelt vorkommt: kahle und belaubte Zweige, Blüten, Fruchtstände, Früchte und Samen, Rinde, Wurzeln und Steine. Dabei bemüht man sich, daß in einem Arrangement in der Regel nur das vereint wird, was auch in der Natur gemeinsam vorkommt und in einer Pflanzengemeinschaft wächst. Selbstverständlich gibt es hier eine Reihe von Ausnahmen. Als Regel wird weiterhin beachtet, daß zu weißblühenden Zweigen oder Blumen rote Blüten und zu roten Blumen grüne oder helle Farben gehören.

Verwendetes Pflanzenmaterial

Die Pflanzenteile werden teilweise speziell vorher behandelt. So erhalten Herbstzweige und Bambus durch Einlegen in konzentrierte Zuckerlösung Glanz und bessere Haltbarkeit, weil dann keine Luft in die Kapillargefäße eintritt und das Wasser besser aufgesogen wird. Seerosenblüten werden mit Tabakwasser-Injektionen in die Stiele offen gehalten und haltbar gemacht. Die Blütenblätter rollen sich dann nicht auf. Blutende und bakterienempfindliche Pflanzen (wie Rosen, Dahlien, Hortensien, Pfingstrosen) schneidet man unter Wasser und stellt die Stiele dann 10 Minuten in Essig oder Alkohol. Eine andere Methode zum Sterilisieren ist das Abbrennen der Stielenden über einer Kerzenflamme. Margeriten und Rosen werden an der Schnittstelle mit Kochsalz eingerieben.

Vorbehandlung der Pflanzenteile

Bambus, Chinaschilf u. a. Gräser werden einige Minuten lang in Essig bzw. Essigsäure getaucht. Durch das Eintauchen der Blütenstiele in Wasser, in dem Asche verrührt wurde, soll das Ansaugvermögen erhöht werden.

Zum Festhalten des pflanzlichen Materials in der Vase werden sogenannte Kubari verwendet. Darunter versteht man einen Holzstab von gleicher Länge wie die Vase. Er wird senkrecht oder schräg in diese gestellt, nachdem der Blumenstiel in ihn eingeklemmt oder an ihn angebunden wurde. Ein Kubari ist auch ein Stück Holz bzw. eine Astgabel in der Länge des Innendurchmessers des Vasenhalses.

Festhalten des pflanzlichen Materials

Typisch für Ikebana-Kompositionen sind die interessante Dreiteilung, das sparsame Verwenden von Pflanzenteilen und das sorgfältige Vorbereiten und Behandeln der Blüten, Zweige und Blätter. Schön und eigenwillig in Form und Farbe sind auch die Gefäße, die die

Japaner für ihre Blumenarrangements verwenden. Der Kenzan (Blumenigel) ist auch bei diesen besonderen Steckarbeiten ein unentbehrliches Hilfsmittel.

Hilfsmittel für das Gestalten mit Blumen

Zum Blumenordnen benötigen wir die entsprechenden Gefäße. Die Vasen in den verschiedensten Größen und Formen und aus verschiedenem Material, wie z. B. aus Glas, Porzellan, Steingut oder Steinzeug oder Metall dürfen kein auffallendes Dekor besitzen und sollten dezent in den Farben gehalten sein. Zur Harmonie zwischen Vase und Blume siehe S. 64 bis 68.

Vasen
Schalen
Teller
Flechtkörbe

Neben Vasen spielen Schalen und Teller – aus den gleichen Materialien bestehend – zum Stecken der Blumen eine große Rolle. Geeignet sind weiterhin Flechtkörbe und -teller aus Weide, Birke oder Binse. In solchen Gefäßen kommen besonders die Sommerblumen zur Wirkung. Damit die Blumenzusammenstellung auch lange haltbar bleibt und kein Wasser absondert, muß der Flechtkorb mit wasserdichtem Papier (Ölpapier oder Cellophan) ausgelegt werden. Darauf kommt dann das feuchte Moos zum Stecken der Blumen. Es können auch Blecheinsätze (größere oder kleinere Blechdosen), die mit Moos gefüllt sind, verwendet werden.

Blecheinsätze mit Moos gefüllt

Hilfsmittel

Weitere Hilfsmittel sind engmaschiges Drahtgeflecht, feuchter Sand, Sumpfmoos *(Sphagnum)* oder Plattenmoos, Fichtenzweige oder andere Blumenhalter aus Piaflor oder Plaste. Am besten geeignet sind die bereits erwähnten sogenannten Blumenigel (Kenzane). Sie lassen sich immer wieder verwenden und leicht reinigen. Außerdem brauchen wir ein scharfes Messer (am besten eine Hippe), eine Drahtschere, Bindegarn und verschiedenen Blumendraht (Steck-, Stütz-, dünnen Wickeldraht).

Zum Trocknen und Fixieren von Trockenblumenmaterial sollten wir Silikagel, Glyzerin, wasserlösliche Lebensmittelfarbe sowie verschiedene nichtglänzende Sprayfarben im Haus haben.

Für das Anfertigen von floralen Bildern benötigen wir außerdem Holzrahmen, plastische Knetmasse, Klebstoff, Nägel, Schrauben sowie das entsprechende Werkzeug (Sägen, Bohrmaschine, Hammer, Schraubenzieher).

Auch Schnittblumen brauchen Pflege

Die Pflanze gleicht den eigensinnigen Menschen,
von denen man alles erhalten kann,
wenn man sie nach ihrer Art behandelt.

Johann Wolfgang VON GOETHE

Im Gegensatz zu den Topfpflanzen haben die Schnittblumen den Nachteil, daß sie schon nach mehr oder weniger kurzer Zeit – nach einigen Tagen oder mehreren Wochen – welken und verblühen. Das ist auch verständlich, denn durch das Abschneiden der Blumen werden sie ihrer Ernährungsgrundlage beraubt. Die Wasserzufuhr über die Wurzel ist unterbrochen, und in die Hohlräume der Stiele dringt sofort Luft. Die Lebensdauer der Schnittblumen ist zum einen arten- und sortentypisch, zum anderen hängt sie aber auch von vielen äußeren Faktoren ab. Deshalb ist es notwendig, diese Faktoren zu kennen und entsprechende Maßnahmen zur Verlängerung der Haltbarkeit der Schnittblumen anzuwenden. Damit wir lange Freude an den abgeschnittenen Blumen haben, müssen die Pflanzen vom Beginn der Kultur beim Gärtner über den Schnitt, den Transport, die Lagerung und die Weiterverarbeitung beim Händler und im Blumengeschäft bis zum Einstellen in die Vase daheim sorgfältig und qualitätsgerecht behandelt werden. Langjährige Versuche haben gezeigt, daß Schnittblumen einige Tage länger frisch bleiben, wenn sie in der Kultur optimal mit Kalium, Kalk und nicht mit zuviel Stickstoff gedüngt wurden.

Über den geeigneten Schnittzeitpunkt

Von großer Bedeutung für die Qualität der Blumen ist der richtige Zeitpunkt des Schneidens. Wir unterscheiden zwischen Blumen, die im Knospenstadium geschnitten werden und sich in der Vase voll entfalten, und solchen, die nur im vollerblühten Zustand geschnitten werden können, weil sich ihre Knospen im Wasser nicht mehr öffnen. Bei gekauften oder geschenkten Blumen vermögen wir allerdings nicht immer den Schnittzeitpunkt zu kontrollieren, aber bei den im Garten selbst gepflückten Blumen können wir darauf achten.

In knospigem Zustand

In knospigem Zustand werden z. B. geschnitten:
Edelnelke *(Dianthus)*, Freesie *(Freesia)*, Lilien *(Lilium-*Hybriden), Maiglöckchen *(Convallaria)*, Mohn *(Papaver)*, Montbretien *(Crocosmia)*, Narzissen *(Narcissus)*, Pfingstrose *(Paeonia)*, Rosen *(Rosa)*, Schwertlilie *(Iris)*, Tulpen *(Tulipa)*.

Halbgeöffnet

Halbgeöffnet werden u. a. geerntet:
Duftwicke *(Lathyrus)*, Gelenkblume *(Physostegia)*, Gladiole *(Gladiolus)*, Lilienschweif *(Eremurus)*, Löwenmaul *(Antirrhinum)*, Prachtscharte *(Liatris)*.

Voll aufgeblüht

Voll aufgeblüht schneiden wir folgende Blumen:
Akelei *(Aquilegia)*, Alpenveilchen *(Cyclamen)*, Edeldistel *(Eryngium)*, Gemswurz *(Doronicum)*, Gerbera, Jungfer im Grünen *(Nigella)*, Orchideen, Sommeraster *(Callistephus)*, Sonnenbraut *(Helenium)*, Taglilie *(Hemerocallis)*, Weihnachtsstern *(Euphorbia pulcherrima)*, Wucherblume *(Chrysanthemum)*, Zinnie *(Zinnia)*.

Genauer Schnittzeitpunkt

Da viele Schnittblumen zu einem ganz bestimmten Zeitpunkt – nach besonderen Merkmalen beim Öffnen der Knospe – geschnitten werden müssen, ist diese Einteilung sehr schematisch. Deshalb wird in den Tabellen ab Seite 134 der genaue Schnittzeitpunkt angegeben.

Durchschnittliche Haltbarkeit

Gleichzeitig erhält der Leser Hinweise über die durchschnittliche Haltbarkeit in Tagen. Durch ungünstige äußere Faktoren (hohe Wärme, Sonneneinstrahlung, Zugluft u. a.) kann sich die Haltbarkeit stark reduzieren.

Regeln für das Blumenschneiden

Grundsätzlich werden die Blumen nie bei starker Sonneneinstrahlung und hohen Temperaturen geschnitten. Die Stiele sollen immer mit Wasser gesättigt sein. Das ist im Sommer nur in den frühen Morgenstunden der Fall. Deshalb werden die meisten Schnittblumen morgens geerntet. Auch am Abend ist die Wassersättigung der Stiele günstig. Rosen sind aber nur früh am Morgen zu schneiden. Abgeschnitten wird immer mit einem scharfen Messer, am besten geeignet ist eine sogenannte Gärt-

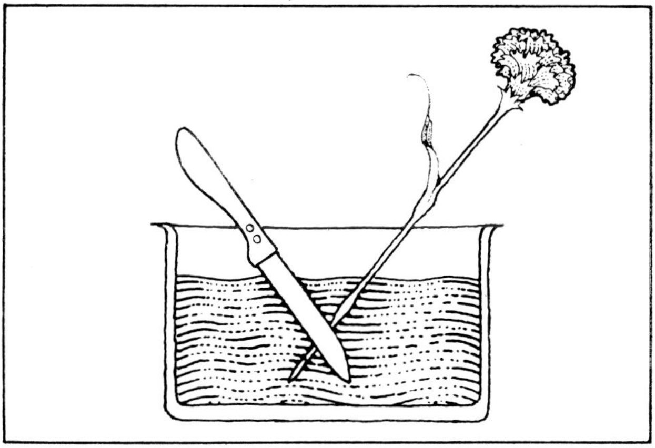

Anschneiden der Stielenden im Wasser

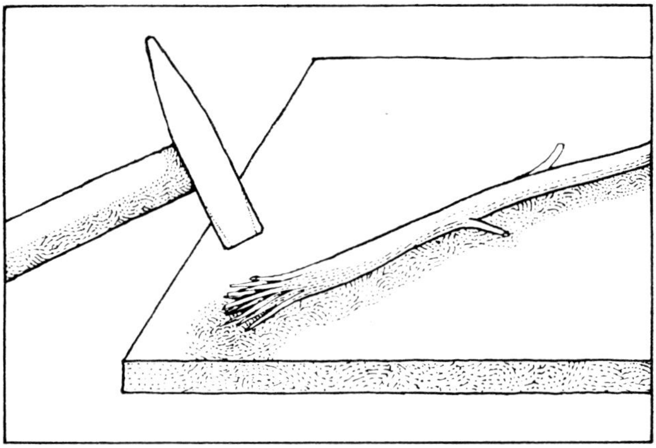

Anklopfen holziger Stielenden (Rosen, Flieder, Chrysanthemen)

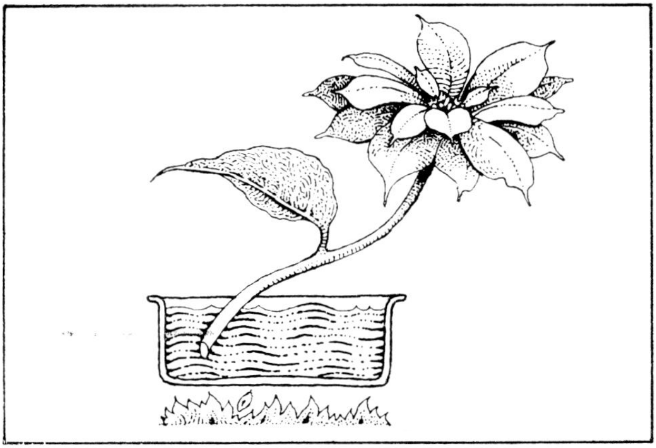

Stielenden blutender Schnittblumen (Weihnachtsstern) werden schräg in heißes Wasser getaucht.

nerhippe. Bei holzigen Stielen (z. B. Chrysanthemen, Flieder, Rosen) ist ein schräger Schnitt zweckmäßig. Wurde mit einer Schere geerntet, sollte unbedingt ein Nachschnitt der gequetschten Schnittstelle mit einem Messer erfolgen. Die untersten Blätter sind sofort abzustreifen oder abzuschneiden.

Nach Möglichkeit werden die Blumen gleich ins Wasser gestellt. Dabei hat sich kaltes Leitungswasser nicht bewährt, weil es relativ viel Luft enthält. Warmes Wasser von 30 °C ist wesentlich sauerstoffärmer und wird viel schneller von den Stielen aufgenommen. Mit dem Abkühlen des warmen Wassers lösen sich die an den Stielenden befindlichen Luftblasen, und die Wasserversorgung der Stiele ist günstiger. Zweckmäßig und immer wieder empfehlenswert ist das Anschneiden der Stielenden unter Wasser. Es entstehen dann keine Luftblasen an den Schnittstellen, und die Wasseraufnahme wird nicht beeinträchtigt. Besonders bei vielen Sommerblumen aus dem Freiland – wie z. B. Löwenmaul *(Antirrhinum)*, Sommeraster *(Callistephus)*, Duftwicke *(Lathyrus)*, Gartennelke *(Dianthus)* und Sammetblume *(Tagetes)* – ist auf diese Weise eine Verlängerung der Haltbarkeit erreichbar.

Warmes Wasser

Anschneiden der Stielenden unter Wasser

Bei Schnittblumen mit holzigen Stielen (Rosen, Flieder, Chrysanthemen) hat sich das Anklopfen der Stielenden bewährt. Milchsaftführende Schnittblumen (Weihnachtsstern) müssen nach dem Anschnitt für kurze Zeit in heißes Wasser getaucht werden, damit der Milchsaft gerinnt. Anschließend wird dieser abgekratzt.

Behandlung nach dem Schneiden

Lagerung, Transport

Müssen abgeschnittene Blumen aus irgendwelchen Gründen gelagert werden, so geschieht das bei relativ niedrigen Temperaturen. Bewährt haben sich für die meisten Schnittblumen Temperaturen um 0 bis 4 °C. Dabei ist in der Regel eine trockene Lagerung günstiger als eine nasse, insbesondere bei Rosen. Die Blumen kommen liegend in den kühlen Raum, sie sind immer dunkel aufzubewahren. Tulpen und Rosen wickelt man lose in feuchtes Papier. Nach der Lagerung werden die Stielenden angeschnitten und die Blumen sofort in warmes

Trockene Lagerung

Wasser von 30 bis 40 °C und für einige Stunden in einen kühlen Raum (bei 4 bis 10 °C) gestellt. Dann erst bringt man sie in den Wohnraum.

Einpacken eines Straußes

Sollen Schnittblumen transportiert werden, dann grundsätzlich eingewickelt. Zeitungspapier ist nicht zweckmäßig, weil es selbst leicht Wasser aufsaugt und so den Blumen Feuchtigkeit entzieht. Zum Einpacken eignen sich Polyäthylenfolie mit Löchern von 5 bis 10 mm Durchmesser oder Seidenpapier. Die Folie schützt besser vor Wind, heizt aber bei Sonnenschein die Verpakkung stark auf. Papier schützt also besser vor der Sonneneinstrahlung. Das Einpacken eines Straußes will gelernt sein. Die Blumen werden auf einer flachen Unterlage vorsichtig auf das Einpackpapier gelegt und alle Blätter und Blüten nach oben gestreift. Dann wickelt man sie rund in das Papier, wobei die Umhüllung nicht wie eine Spitztüte aussehen soll. Oben wird das Papier geschlossen, daher dürfen die Blumen nicht herausragen. Sie sollen weder zerdrückt noch zu lose verpackt werden. Zu berücksichtigen ist außerdem die Jahreszeit. Bei Regenwetter weicht dünnes Seidenpapier schnell auf. Hier empfiehlt es sich, über den Seidenbogen einen Bogen Packpapier oder durchsichtige Folie zu wickeln. Bei Frostwetter ist eine gute Verpackung besonders wichtig. Für einen kurzzeitigen Transport bei etwa —5 °C genügt eine Verpackung aus 2 bis 3 Lagen Papier. Wichtig ist, daß jede Hülle einzeln oben und unten zugesteckt wird. Ist es kälter, muß die Verpackung dicker sein, außen wird Packpapier oder Zeitungspapier dazu verwendet.

Schutz vor Frost, hohen Temperaturen und Beschädigung

Bei Frost transportierte Blumen dürfen nicht sofort ins warme Zimmer gestellt werden. Der Strauß kommt erst für eine halbe Stunde in einen kühlen Raum. Bei hohen Temperaturen schützen wir Stielenden und Schnittflächen mit einem Knäul feuchten Papiers. Druckempfindliche Blüten wie Orchideen, Paradiesvogelblume *(Strelitzia)*, Ruhmesblume *(Gloriosa)* werden vorsichtig mit Watte oder Zellstoff gepolstert und danach verpackt. Gerberablumen sind sehr empfindlich gegen Luftzug und deshalb windsicher zu verpacken. Zum Schutz gegen Beschädigungen werden sie häufig vom Produzenten einzeln in speziell gefertigten Spitztüten, die die Blüten trichterförmig umschließen, transportiert. Chrysanthe-

men sind stoßempfindlich, so daß es auch hier zweckmäßig ist, jede Blüte einzeln zu verpacken. Es werden dafür quadratische, der Blütengröße entsprechende Seidenbogen verwendet, die an einer Seite bis zur Mitte eingeschnitten sind. Damit umhüllt man vorsichtig die Blüte und dreht die vier Zipfel oben zusammen.
Brautsträuße und andere Bindearbeiten werden so verpackt, daß die Form des Straußes erhalten bleibt.

Welken, Verblühen

Welken

Unter Welken verstehen wir das starke Verdunsten der abgeschnittenen Blumen ohne notwendigen Wassernachschub, der den Wasserhaushalt ausgleicht. Das Welken beeinträchtigt immer die Haltbarkeit der Blumen. Es kann durch das Entfernen aller überflüssigen Laubblätter vermindert werden, durch das Aufstellen der Schnittblumen bei wenig Licht und niedrigen Temperaturen sowie durch einige andere Maßnahmen, die noch erläutert werden.

Verblühen

Unter Verblühen verstehen wir das Altern der Blüten, das wir nicht verhindern, aber durch geeignete Maßnahmen verzögern können. Es ist am Verfärben, Schrumpfen und Abfallen der Blütenblätter äußerlich erkennbar. Das Verblühen wird besonders durch hohe Temperaturen gefördert.

Maßnahmen zur Verlängerung der Haltbarkeit

Entfernen überflüssiger Blätter

Neben dem richtigen Schnittzeitpunkt und der sofortigen Weiterbehandlung sind einige andere Maßnahmen zu beachten, die die Haltbarkeit der Schnittblumen beeinflussen. Da die Blätter am Stiel die größten Wasserverbraucher sind, müssen nach dem Schnitt oder Kauf unbedingt alle überflüssigen Blätter entfernt werden. Das ist besonders bei Chrysanthemen, Flieder, Rosen und Sommerblumen wichtig. Grundsätzlich sollte man sich merken, daß bei allen Schnittblumen sämtliche Blätter bis zur Einstelltiefe ins Vasenwasser zu entfernen sind. Blätter im Vasenwasser faulen nicht nur schneller, sondern scheiden giftige (toxische) Stoffe aus, die die Haltbarkeit wesentlich herabsetzen. Bei Rosen ist das sehr ausgeprägt, deshalb darf kein Rosenblatt ins Vasenwasser reichen.

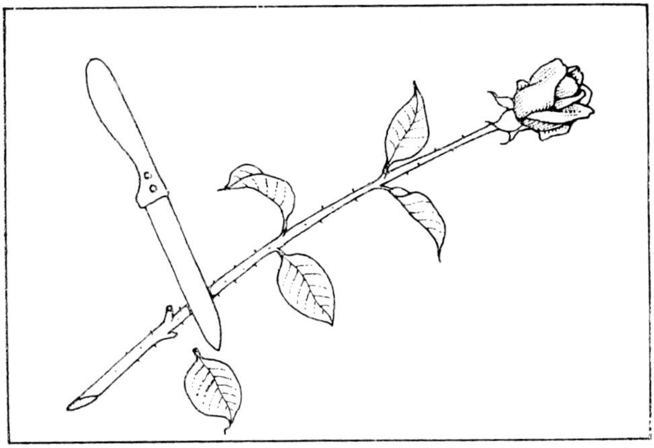

Untere Blätter bei allen Schnittblumen immer entfernen

Alle Schnittblumen verbrauchen in den ersten ein bis zwei Tagen nach dem Einstellen in die Vase sehr viel Wasser. Deshalb öfter kontrollieren und Wasser nachgießen.
Narzissen scheiden in den ersten 24 Stunden Giftstoffe aus ihren Stielen aus, die andere Blüten vorzeitig zum Welken bringen würden. Aus diesem Grund sind Narzissen immer einen Tag lang allein in ein Gefäß zu stellen, auch wenn der Frühlingsstrauß mit roten Tulpen noch so schön aussieht. Das Vasenwasser wird nach einem Tag erneuert, und die Stielenden der Narzissen werden unter Wasser abgespült. Die Schnittstellen sind nicht nachzuschneiden! Das Gefäß ist sehr sorgfältig zu säubern, bevor neues Wasser und andere Blumen eingestellt werden.

Temperaturen

Je höher die Temperaturen sind, um so mehr Wasser verbrauchen die Schnittblumen, und die Haltbarkeit verkürzt sich. Über Nacht werden wir grundsätzlich die Schnittblumen aus dem warmen Wohnzimmer nehmen. Blumen, die erst am nächsten Tag verschenkt werden sollen, bewahrt man ebenfalls in einem kühleren und möglichst dunklen Raum auf. Dabei haben sich folgende Temperaturen bewährt: bei 4 °C Flieder, Inkalilie, Dahlien, Nelken, Rosen; bei 10 °C Gerbera, Nerine, Weihnachtsstern, alle Sommerblumen. Damit sich Tulpen über Nacht nicht verziehen, werden sie in Papier eingewickelt in die Vase gesteckt und kühl gestellt.

Wasserqualität

Die Wasserqualität beeinflußt die Haltbarkeit der Schnittblumen. So verbessert saures Wasser die Haltbarkeit bei Rosen, weil das Wachstum der Bakterien an den Stielenden gehemmt wird. Zusätze von Zitronensäure, Oxalsäure oder Essigsäure sind deshalb bei stark kalkhaltigem Wasser zweckmäßig.

Wurde dem Vasenwasser kein Blumenfrischhaltemittel zugesetzt, so sollte das Wasser alle ein bis drei Tage erneuert werden. Wichtig ist, daß das Gefäß dabei stets gesäubert wird, um toxische Stoffe zu beseitigen, und daß die Stielenden immer nachgeschnitten werden.

Äthylen

Alle Schnittblumen sind vor Äthylen zu schützen. Äthylen (C_2H_2) ist ein ungesättigter Kohlenwasserstoff, der bei der pflanzlichen Atmung als Gas freigesetzt wird. Besonders reifes Obst (Äpfel, Birnen), aber auch Gemüse und Speisepilze und Beerenzweige (Sanddorn) geben Äthylen ab und schädigen die Schnittblumen, indem ihre Haltbarkeit stark herabgesetzt wird. Deshalb sollen Schnittblumen und Früchte nicht in einem Raum stehen. Äthylenschäden treten aber auch bei besonderen Wetterlagen in Industriegebieten und in Straßen mit hoher Verkehrsdichte auf. Auch Zigarettenrauch enthält Äthylen. Besonders empfindlich reagieren Nelken („Einschlafen“ der Blüten), Chrysanthemen, Löwenmaul, Rosen, Orchideen, Zinnien.

Sonderbehandlung von Schnittblumen

Verholzte Stiele von Schnittblumen (Chrysanthemen, Flieder, Rosen) werden 5 bis 8 cm von unten mit einem Hammer aufgeklopft, damit die Wasseraufnahmefläche erhöht wird. Den gleichen Zweck erfüllt das Abschälen der Rinde bei Flieder oder Rosen. Zur Vergrößerung der wassersaugenden Fläche am Stielende wird beim Alpenveilchen *(Cyclamen)* der Stiel von unten 1 bis 2 cm aufgeschlitzt oder mit einer Stecknadel angeritzt.

Schnittblumen mit „blutenden“ Stielen – z. B. Weihnachtsstern *(Euphorbia pulcherrima)* – werden von unten nachgeschnitten und sofort für einige Sekunden in heißes Wasser (bei etwa 90 °C) gestellt. Der gerinnende Milchsaft würde sonst die Leitungsbahnen verstopfen. Damit die Blätter vor dem aufsteigenden Dampf geschützt

werden, sind die Stiele schräg in das heiße Wasser zu tauchen. Beim Weihnachtsstern hat sich auch das kurze Abbrennen der Schnittfläche bewährt. Nach dem Gerinnen des Milchsaftes muß dieser von der Schnittfläche abgeschabt werden. Das Auskohlen kann auch bei Rosen und Chrysanthemen erfolgen. Durch das Eintauchen der Schnittfläche von Narzisse und Ritterstern in warmes Wasser von etwa 50 °C wird das „Bluten" verhindert.
Blumen mit hohlem Stiel, z. B. Gerbera, saugen das Wasser besser an, wenn das volle Stielstück weggeschnitten wird. Außerdem sollten die weichhaarigen und fäulnisanfälligen Stiele nur wenige Zentimeter tief im Wasser stehen. Das verfaulte Stielende wird alle ein bis zwei Tage weggeschnitten.
Auch der Ritterstern *(Hippeastrum)* besitzt einen hohlen Stiel. Damit die Blüte genügend Wasser erhält, durchsticht man unterhalb der Blüten den Stiel mit einer dünnen Nadel. Die Luft kann aus dem Stiel entweichen, und der Wassernachschub wird besser.

Blumenfrischhaltemittel

Mit dem Abschneiden der Blumen wird ihre natürliche Ernährung unterbrochen. Durch das Einstellen in Wasser haben wir die abgeschnittenen Blumen vor dem raschen Verwelken bewahrt. Damit die Blumen aber noch länger frisch bleiben, müssen sie „ernährt" werden. Deshalb wurden Blumenfrischhaltemittel (BFM) entwickelt. Hauptbestandteil solcher Mittel ist Zucker, der von den Blumen als Nahrung aufgenommen wird. Weiterhin enthalten diese Mittel desinfizierende Stoffe, die die Vermehrung von schädlichen Mikroorganismen im Vasenwasser vermindern oder hemmen. Dadurch kann nicht so schnell eine Schleimschicht an den Stielen gebildet werden. Das Vasenwasser bleibt länger frisch, so daß der Wasserwechsel nicht täglich vorgenommen werden muß.

Zucker

Desinfizierende Stoffe

Zwetin

Das in der DDR entwickelte Blumenfrischhaltemittel „Zwetin" hat sich seit vielen Jahren zur Verlängerung der Haltbarkeit bei vielen Schnittblumen bewährt. „Zwetin" wird z. B. in vier verschiedenen Varianten im Handel angeboten, da bisher noch kein universell wirkendes Mittel hergestellt wurde.

Nelken-Zwetin

Nelken-Zwetin
geeignet für Nelken, die meisten Blütenstauden, Sommerblumen und Ziergehölze. Bei Nelken öffnen sich alle Knospen. 20 Gramm auf 1 Liter Wasser.

Rosen-Zwetin

Rosen-Zwetin
für Rosen und Dahlien. 20 Gramm auf 1 Liter Wasser.

Chrysanthemen-Zwetin

Chrysanthemen-Zwetin
für Chrysanthemen und andere Korbblütler *(Compositae)* wie Sommeraster, Herbstaster, Sonnenbraut, Feinstrahl. 10 Gramm auf 1 Liter Wasser.

Gerbera-Zwetin

Gerbera-Zwetin
für Gerbera. 15 Gramm auf 1 Liter Wasser.

„Zwetin" ist in Pulverform abgepackt in kleinen Portionen von 20 Gramm im Handel erhältlich. Es ist nicht gesundheitsschädlich und in Pulverform trocken aufbewahrt unbegrenzt haltbar.
Das Zwetin-Pulver wird in Wasser gelöst und in das Gefäß gefüllt. Höhere Konzentrationen sind unbedingt zu vermeiden, da sonst Blattschäden auftreten können. Die Lösung sollte stets frisch angesetzt werden und ist innerhalb von 4 Wochen zu verbrauchen. Sie bleibt 7 bis 10 Tage in der Vase. In dieser Zeit wird, je nach Verdunstung, reines Wasser in die Vase nachgefüllt.

Verträglichkeit und Unverträglichkeit

Über die Empfindlichkeit der Schnittblumen gegenüber dem Äthylengas wurde oben berichtet. Besonders Nelken und Löwenmaul welken in der Nähe von Obst sehr schnell. Auch die Fruchtzweige des Sanddorn *(Hippophaë rhamnoides)*, Herbstlaub und verwelkte abgefallene Blütenblätter scheiden relativ viel von diesem Gas aus, was durch erhöhte Temperaturen noch gefördert wird.

Welche Blumen nicht zusammenstehen sollten

Es gibt noch andere biologische Verträglichkeits- bzw. Unverträglichkeitserscheinungen von Blumen, die beim Ordnen in der Vase oder in der Schale zu beachten sind. So ist die *Reseda* eine Pflanze, die man nur allein in die Vase stellen darf. Wird sie in Sträußen mit anderen Schnittblumen verarbeitet und aufbewahrt, so welken diese in kürzester Frist. Auch das Zusammenstellen von Maiblumen und Veilchen ist zu vermeiden, weil sich sonst das Veilchen nur kurze Zeit hält. Tulpen und Vergißmeinnicht, die von ästhetischen Grundsätzen her gut mit Maiglöckchen zusammenpassen, werden in einem Strauß schnell welken. Auch die gelbe Schlüsselblume duldet keine anderen Blumen neben sich. Lilien bringen Margeriten und Mohn sowie Kornblumen schneller zum Welken. Duftwicken können die Ursache für das schnellere Verblühen anderer Blumen sein. Über den ungünstigen Einfluß der giftigen Ausscheidungen von Narzissen auf andere Blumen wurde bereits berichtet.

Herbstblumen mit Fruchtzweigen des Sanddorns bleiben nicht lange frisch. Sanddorn sollte entweder allein oder mit Grashalmen in der Vase stehen.

Blumen, die sich besonders gut „vertragen“

Umgekehrt gibt es Blumen und Pflanzen, die sich nicht nur vertragen, sondern noch ihre Haltbarkeit gegenseitig verlängern. So halten sich Tulpen in der Vase sehr lange und bekommen auch eine intensivere Farbe, wenn sie mit Zweigen des Lebensbaumes *(Thuja)* und der Scheinzypresse *(Chamaecyparis)* zusammenstehen. Einige Stengel des Waldmeisters *(Galium odoratum,* syn. *Asperula odorata)* erhöhen die Intensität des Maiglöckchenduftes und verlängern die Haltbarkeit von Maiglöckchen. Alpenveilchen *(Cyclamen)* beeinflussen Pantoffelblumen *(Calceolaria)*, indem die Pantoffelblume von ihrer sonst stumpfen braunen Blütenfarbe in ein klares Rot überwechselt.

Beachten wir diese Hinweise, so werden wir länger Freude an unseren Blumen haben.

Trockenblumen richtig behandeln

Um eine lange Haltbarkeit des Trockenblumenmaterials zu sichern, sind der Schnittzeitpunkt (s. Tab. 1 S. 38) und das richtige Trocknen und Konservieren wichtig. Im allgemeinen werden die Blüten geschnitten, wenn sie sich gerade geöffnet haben.

Stauden sind zu schneiden, wenn sich die Blüten gerade geöffnet haben. Früchte und Fruchtstände schneidet man, wenn sie von Natur aus trocken werden, also, wenn sie beginnen, sich braun zu verfärben.

Bündeln, Trocknen, Stabilisieren

Von den abgeschnittenen Pflanzenteilen sind vor dem Trocknen alle Blätter zu entfernen. Blüten und Früchte mit Stiel werden gebündelt und mit dem Kopf nach unten trocken, luftig und schattig zum Trocknen aufgehängt. Kleine Pflanzenteile (Blütenköpfchen ohne Stiel) werden auf mit Gaze bespannte Gestelle oder auf trokkenes Zeitungspapier ausgebreitet und trocken, warm und luftig getrocknet. Brüchige Blüten stabilisiert man zuvor mit Haarspray. Für viele Pflanzenteile ist ein rasches, gezieltes Trocknen vorteilhaft, damit Form und Farbe erhalten bleiben. Getrocknet wird bei etwa 50 °C im Backofen. Zarte Blüten oder Blätter können auch durch Pressen getrocknet werden. Dazu legt man die betreffenden Pflanzenteile zwischen saugfähiges Papier (Lösch- oder Filterpapier) und beschwert es mit Büchern oder preßt es in einer Presse. Das Papier ist nach 2 bis 3 Tagen vorsichtig zu erneuern. Je nach der Wärme und der Pflanzenart ist der Trocknungsprozeß nach 4 bis 14 Tagen beendet.

Behandeln zarter Pflanzenteile

Zarte Pflanzenteile können in Silikagel, einem blauen Pulver, getrocknet werden. Auf diese Weise verlieren sie weder Form noch Farbe. In einen verschließbaren Blechbehälter kommt eine Schicht dieses Pulvers, anschließend das Pflanzenmaterial, das völlig mit Silikagel bedeckt wird. Luftdicht verschlossen dauert das Trocknen etwa 5 bis 8 Tage. Das Pflanzenmaterial wird vorsichtig herausgenommen, eingepackt und trocken im Karton bis zur Verarbeitung aufbewahrt. An der frischen Luft würde das Material wieder Feuchtigkeit aufnehmen.

Das blaue Silikagel wurde durch die Wasseraufnahme rosa. Durch Erhitzen in einer Blechdose verfärbt es sich wieder blau und ist somit wieder verwendungsfähig.

Erhalten und Verstärken der Blütenfarbe

Eine weitere Möglichkeit, die Farbe der Blüten zu erhalten und zu verstärken, ist folgende: Das Material wird in ein Beizbad mit Salz- oder Salpetersäure gelegt. Man rechnet auf 10 bis 12 Teile Wasser ein Teil Säure. In dieser Lösung werden die halbgetrockneten Pflanzenteile vorsichtig hin und her bewegt, bis der gewünschte Farbton erreicht ist. Dann nimmt man die Bündel hoch, schüttelt die Feuchtigkeit ab und hängt sie zum Trocknen auf. Salzsäure ergibt scharlachrote und Salpetersäure karminrote Blütenfarben. Beimischungen von Glyzerin ergeben geschmeidigere Blütenstände. Das ist besonders bei der Besenheide *(Calluna vulgaris)* wichtig. Weiße Trockenblumen werden nicht in ein solches Bad gelegt, sondern mit Schwefel präpariert. Zu diesem Zweck legen wir die Pflanzenteile in eine dichte Kiste, zünden einige Schwefelfäden an und verschließen die Kiste. Nach einem Tag holt man die Bündel heraus und hängt sie zum Trocknen auf. Zum Färben von trockenen Pflanzenteilen eignen sich auch die im Handel erhältlichen Haarsprays und Spray-Lackfarben. Beim Arbeiten empfiehlt es sich, Gummihandschuhe anzuziehen und den Hintergrund mit Papier oder Pappe abzudecken.

Färben

Noch nicht getrocknetes Material (z. B. frisch abgeschnittene und noch nicht trockene Gräserhalme) kann durch Einstellen in eine pflanzenunschädliche Lebensmittelfarbe gefärbt werden. Man verwendet 10 g auf 1 Liter Wasser, Dauer der Färbezeit etwa 3 bis 5 Stunden. Bestimmte Pflanzenteile, die noch Wasser enthalten und durch das Verdunsten schnell welken würden – wie z. B. Triebe und Zweige mit Blättern oder saftreichen Beeren und Früchten – stellen wir etwa 1 bis 2 Wochen lang in ein Glyzerin-Wasser-Gemisch im Verhältnis von 1:2 oder 1:3. Das Wasser in den Pflanzenteilen wird durch Glyzerin ersetzt, das langsamer verdunstet als Wasser. Die so konservierten Pflanzenteile bleiben länger haltbar. Voraussetzung dafür ist aber, daß die abgeschnittenen Teile noch im Saftstrom sind. Früchte und Fruchtstände, die beim Trocknen aufplatzen und abbrechen, wie z. B. Rohrkolben *(Typha)*, werden durch Einsprühen mit Haarspray oder Lack konserviert.

Konservieren von Pflanzenteilen

Tabelle 2

Schnittzeitpunkt und Haltbarkeit ausgewählter Schnittstauden aus dem Freiland

Name	Haltbarkeit in Tagen	Schnittzeitpunkt
Akelei *(Aquilegia caerulea)*	2... 4	voll aufgeblüht
Bartschwertlilie (Iris-Barbata-Gruppen)	3... 6	vor dem Aufblühen der ersten Knospen, sie müssen aber schon Farbe zeigen
Bergenie (Bergenia-Hybriden)	10...12	wenn sich die erste Blüte entfaltet hat
Edeldistel *(Eryngium*-Arten)	10...14	voll geöffnet
Feinstrahl (Erigeron-Hybriden)	8...12 x	wenn die Mittelblüte voll geöffnet ist
Flammenblume (Phlox-Paniculata-Hybriden)	3...10 x	wenn 3/4 aller Blüten in der Rispe aufgeblüht sind
Flockenblume *(Centaurea dealbata)*	6... 8	in fast voll erblühtem Zustand
Gelenkblume *(Physostegia virginiana)*	6...12 x	mit dem Aufblühen der untersten Knospen
Gemswurz *(Doronicum orientale)*	6... 8 x	voll aufgeblüht
Goldgarbe *(Achillea filipendulina)*	12...22 x	voll aufgeblüht
Indianernessel (Monarda-Hybriden)	6...12 x	in halb- bis vollerblühtem Zustand
Kokardenblume *(Gaillardia aristata)*	8...10	bevor die Blüten ganz aufgeblüht sind
Kugeldistel *(Echinops ritro)*	12...14 x	wenn sich die oberste erste Blüte an der Kugel öffnet
Lilienschweif *(Eremurus stenophylla)*	8...10	die Hälfte der Blüten an der Kerze müssen offen sein
Lupine (Lupinus-Polyphyllus-Hybriden)	4... 8 x	3/4 der Blüten müssen entfaltet sein

Name	Haltbarkeit in Tagen	Schnittzeitpunkt
Maiglöckchen *(Convallaria majalis)*	5... 7	knospig bis halberblüht
Mädchenauge *(Coreopsis grandiflora)*	4... 7	in halb- bis vollerblühtem Zustand
Palmlilie *(Yucca filamentosa)*	3... 6 x	wenn $^{1}/_{3}$ der Blüten in der Rispe aufgeblüht sind
Pfingstrose (Paeonia-Lactiflora-Hybriden)	5... 8 x	wenn die Kelchblätter 1 bis 2 cm klaffen und das bunte Blütenblatt im Spalt sichtbar wird
Prachtscharte *(Liatris spicata)*	8...10 x	wenn $^{1}/_{3}$ der Blütenkerze aufgeblüht ist
Schleierkraut *(Gypsophila paniculata)*	10...20	wenn die Hälfte der Blüten im Blütenstand aufgeblüht sind
Sonnenauge *(Heliopsis helianthoides)*	6...10 x	vor dem Reifen der Staubblätter
Sonnenbraut (Helenium-Hybriden)	4... 6	vor dem Reifen der Staubblätter
Staudenastern:		
Bergaster *(Aster amellus)*	8...14 x	
Chinaaster *(Aster tongolensis)*		
Glattblattaster *(Aster novi-belgii)*		in halb- bis vollerblühtem Zustand
Kissenaster (Aster-Dumosus-Hybriden)		
Rauhblattaster *(Aster novae-angliae)*		
Strandnelke *(Limonium latifolium)*	14...20	voll aufgeblüht
Taglilie (Hemerocallis-Hybriden)	6... 8	wenn die erste Blüte geöffnet ist
Trollblume (Trollius-Hybriden)	5... 7 x	in halb erblühtem Zustand
Wucherblume (*Chrysanthemum*-Arten)	6...10 x	kurz nach dem Aufblühen

Von den genannten Blütenstauden gibt es viele Sorten in verschiedenen Farben im Handel, die hier nicht aufgezählt werden können.

Die mit einem x gekennzeichneten Stauden reagieren positiv auf Blumenfrischhaltemittel (z. B. „Zwetin“).

Tabelle 3

Schnittzeitpunkt und Haltbarkeit von Zweijahrsblumen

Name	Haltbarkeit in Tagen	Schnittzeitpunkt
Bartnelke *(Dianthus barbatus)*	9...12 x	bevor die Blüten ganz aufgeblüht sind
Fingerhut *(Digitalis purpurea)*	5... 7	$^1/_3$ der Blüten in der Ähre müssen aufgeblüht sein
Goldlack *(Cheiranthus cheiri)*	5... 7	wenn die untersten Blüten geöffnet sind
Landnelke *(Dianthus caryophyllus)*	7...12 x	wenn die Knospen Farbe zeigen
Marienglockenblume *(Campanula medium)*	5... 9	wenn die Hälfte der Blüten aufgeblüht ist

Die mit einem x gekennzeichneten Arten reagieren positiv auf Blumenfrischhaltemittel (z. B. „Zwetin").

Tabelle 4

Schnittzeitpunkt und Haltbarkeit von Blumenzwiebeln und -knollen

Name	Haltbarkeit in Tagen	Schnittzeitpunkt, Hinweise
Dahlie (Dahlia-Hybriden)	3... 8 x	wenn die Blume in der Mitte zu $^2/_3$ geöffnet ist, dicht über dem Blattknoten schneiden; täglich nachschneiden und Wasser erneuern
Gladiole (Gladiolus-Hybriden)	5... 9 x	wenn die erste Knospe Farbe zeigt oder 1 bis 2 Blüten geöffnet sind; nur in Papier eingewickelt und senkrecht stehend lagern, damit sich die Blütenstiele nicht krümmen
Goldlauch *(Allium moly)*	5... 7	wenn die ersten Blüten geöffnet sind

Name	Haltbarkeit in Tagen	Schnittzeitpunkt, Hinweise
Lilien (Lilium-Hybriden)	8...14	kurz vor dem Aufbrechen der ersten Knospe; Staubgefäße entfernen, da sie sonst die Blütenblätter verschmutzen
Montbretie *(Crocosmia crocosmiiflora)*	5... 9 x	im Knospenstadium, bis die Knospen Farbe zeigen
Narzissen *(Narcissus*-Arten)	5... 7	die Blüten werden gezogen (nicht geschnitten), wenn die Knospen noch nicht geöffnet sind Narzissenschleim ist giftig, deshalb nicht mit anderen Blumen in die Vase stellen
Riesenhyazinthe *(Galtonia candicans)*	4... 9	wenn die Hälfte der Blüten geöffnet ist
Spanischer Blaustern *(Scilla hispanica)*	5... 7	wenn die ersten Blüten geöffnet sind
Sterngladiole *(Acidanthera bicolor)*	5... 9	im Knospenstadium
Sternkugellauch *(Allium christophii)*	12...20	$^1/_3$ der Einzelblüten müssen aufgeblüht sein (Fruchtstände eignen sich als Trockenmaterial)
Tulpen (Gartentulpen-Gruppen)	5... 7 x	wenn die Knospen Farbe zeigen, die untersten zwei Laubblätter nicht mit abschneiden; Tulpen wachsen im Wasser weiter; nur in Papier eingewickelt lagern, sonst krümmen sich die Stiele

Die mit einem x gekennzeichneten Arten reagieren positiv auf Blumenfrischhaltemittel (z. B. „Zwetin“).

Tabelle 5

Schnittzeitpunkt, Haltbarkeit und besondere Maßnahmen bei Schnittblumen aus dem Gewächshaus

Name	Haltbarkeit in Tagen	Schnittzeitpunkt und Maßnahmen
Alpenveilchen *(Cyclamen persicum)*	6...12	nur voll erblühte Blüten schneiden, Stielenden von unten in der Mitte einschneiden
Calla *(Zantedeschia aethiopica)*	10...14	knospig bis voll erblüht schneiden
Chrysanthemen (Chrysanthemum-Indicum-Hybriden)	14...20 x	kleinblumige Sorten im Knospenstadium, großblumige Sorten schneiden, wenn sie gerade aufgeblüht sind
Edelnelke *(Dianthus caryophyllus)*	10...14 x	knospig oder aufgeblüht schneiden
Miniaturnelke	10...14 x	knospig oder aufgeblüht schneiden
Flamingoblume (Anthurium-Andreanum-Hybride)	12...24 x	wenn der Stiel unter dem Hochblatt fest ist, schneiden und sofort ins Wasser stellen, welke Blumen für 1 bis 2 Stunden in warmes Wasser (20 °C) legen
Freesie (Freesia-Hybriden)	5... 7 x	vor dem Öffnen der ersten Knospe schneiden
Gerbera (Gerbera-Hybriden)	6...12 x	wenn 2 bis 3 Reihen Staubgefäße am Blütenkörbchen aufgeblüht sind und der Stiel unterhalb der Blüte fest ist, schneiden, anschließend ins Wasser, Lagerung bei 7 bis 10 °C einige Tage naß möglich
Herzenskelch *(Eucharis grandiflora)*	14...21	wenn die erste Blüte aufgeblüht ist
Inkalilie (Alstroemeria-Ligtu-Hybriden)	15...18 x	wenn die erste Blüte je Doldenstrahl aufgeblüht ist
Orchideen:		
Cattleya	10...20	geschnitten wird erst, wenn die Blüten 3 bis 4 Tage voll geöffnet sind, bei Blütenrispen müssen die ersten 3 bis 4 Blüten voll geöffnet sein; erschlaffte Einzelblüten der Malaienblume für kurze Zeit völlig in warmes Wasser (25 °C) legen
Kahnorche *(Cymbidium)*	10...20	
Malaienblume *(Phalaenopsis)*	12...30	
Venusschuh *(Paphiopedilum)*	12...30	

Name	Haltbarkeit in Tagen	Schnittzeitpunkt und Maßnahmen
Nerine (Nerine Hybriden)	9...20	wenn 2 bis 3 Blüten geöffnet sind, schneiden
Paradiesvogelblume *(Strelitzia reginae)*	10...16 x	wenn die zweite Blüte mit den blauen Blütenteilen aus dem Schiffchen herausschaut, schneiden. Da die sich im Schiffchen befindlichen Knospen ohne Hilfe nicht herauskommen, biegt man das Hüllblatt oben auseinander, entfernt die weiße Membran und hebt vorsichtig die restlichen Blüten heraus; Stiel nachschneiden und 20 Min. lang in lauwarmes Wasser stellen
Ritterstern (Hippeastrum-Hybriden)	7...10	Blütenschäfte schneiden, wenn die ersten beiden Knospen etwa im Winkel von 30° vom Stiel abstehen. In diesem Zustand lassen sie sich gut verpacken. Einen Tag Lagerung liegend möglich, dabei Stielenden mit feuchtem Papier bedekken, nicht ins Wasser stellen! Durchstechen des Stieles unterhalb der Blüte!
Ruhmesblume *(Gloriosa rothschildiana)*	9...12 x	schneiden, wenn die Knospen 1 cm lang sind oder die Blüten schneiden, bevor die Staubgefäße aufbrechen
Rosen (Gartenrosen-Sorten)	4... 6 x	schneiden, wenn sich die grünen Kelchblätter zurückschlagen, Stiel anklopfen, welke Rosen fest in Folie wickeln und tief in handwarmes Wasser stellen, untere Blätter entfernen, kein Blatt darf ins Wasser reichen. Nach dem Schnitt 12 Stunden lang naß bei 2 bis 4 °C lagern, anschließend sofort anschneiden und anklopfen
Weihnachtsstern *(Euphorbia pulcherrima)*	10...14 x	schneiden, wenn die kleinen Einzelblüten in der Mitte der Hochblätter zu stäuben beginnen; Stiele unbedingt nachschneiden, sofort in warmes Wasser von 40 bis 60 °C stellen, damit sich der Milchsaft im Wasser auflöst und die Schnittstelle Wasser aufnehmen kann

Tabelle 6

Schnittzeitpunkt und Haltbarkeit von Sommerblumen

Name	Haltbarkeit in Tagen	Schnittzeitpunkt
Atlasblume *(Godetia grandiflora)*	5... 7	voll aufgeblüht
Duftwicke *(Lathyrus odoratus)*	6... 8	wenn die erste Blüte geöffnet ist
Löwenmaul *(Antirrhinum majus)*	7...11 x	wenn die erste Blüte geöffnet ist
Flockenblume *(Centaurea)*	6... 8	voll geöffnet
Jungfer im Grünen *(Nigella damascena)*	5... 7	voll geöffnet (die Fruchtstände können anschließend als Trockenmaterial verwendet werden)
Ringelblume *(Calendula officinalis)*	6... 9 x	wenn $^3/_4$ der Blume geöffnet ist
Rittersporn *(Delphinium ajacis)*	6... 9	wenn die ersten Blüten geöffnet sind
Samtblume (Tagetes-Erecta-Hybriden)	8...12	voll geöffnet
Schleierkraut *(Gypsophila elegans)*	10...14	wenn die Hälfte aller Blüten geöffnet ist (auch als Trockenmaterial geeignet)
Schmuckkörbchen *(Cosmos bipinnatus)*	5... 7	voll geöffnet
Skabiose *(Scabiosa atropurpurea)*	8...12	voll geöffnet
Sommeraster *(Callistephus chinensis)*	10...12 x	bevor die Blumen ganz aufgeblüht sind
Wucherblume *(Chrysanthemum carinatum, Ch. segetum)*	7...12 x	wenn $^3/_4$ der Blume geöffnet ist
Zinnie *(Zinnia elegans)*	9...12 x	voll geöffnet

Von den genannten Sommerblumen sind viele Sorten in reinen Farben bzw. Mischungen im Handel, die hier nicht erwähnt werden können.
Die mit einem x gekennzeichneten Arten reagieren positiv auf Blumenfrischhaltemittel (z. B. „Zwetin“).